So überwinden Sie Prüfungsängste

Doris Wolf & Rolf Merkle

So überwinden Sie Prüfungsängste

Psychologische Strategien
zur optimalen Vorbereitung und
Bewältigung von Prüfungen

Bibliografische Information Der Deutschen Bibliothek
Die Deutsche Bibliothek verzeichnet
diese Publikation in der Deutschen Nationalbibliografie;
detaillierte bibliografische Daten sind im Internet über
http://dnb.ddb.de
abrufbar

10. Auflage 2009
ISBN 978-3-923614-36-3

Die Ratschläge dieses Buches sind von den Autoren
und vom Verlag sorgfältig geprüft. Autoren und Verlag
können jedoch keine Garantie geben und schließen
jede Haftung für Personen-, Sach- und Vermögens-
schäden aus.

Inhaltsverzeichnis

Einleitung

Prüfungen sind von Kindesbeinen an ein unangenehmer, aber fester Bestandteil unseres Lebens. Es beginnt meist schon im Kindergarten, wenn wir vor dem Nikolaus ein Gedicht aufsagen müssen. In der Schule haben wir dann bei jeder Klassenarbeit und beim mündlichen Abhören die Chance, uns mit Prüfungssituationen vertraut zu machen. Dann folgen vielleicht die Konfirmandenprüfung, die Führerscheinprüfung, ein Berufseignungstest, Examina im Verlauf des Studiums, Vorstellungsgespräche, später dann noch Abschlussprüfungen von Fortbildungen und Umschulungen.

Für viele kommen noch Situationen hinzu, die zunächst nicht als Prüfungssituationen erkennbar sind. Beispielsweise der Gang zur Toilette durch ein vollbesetztes Lokal oder eine Rede zu halten, die ihnen den Schweiß auf die Stirn treiben. Ob wir vor Eintritt ins Paradies auch eine Prüfung ablegen müssen, wurde noch von niemandem berichtet. Man kann ja nie wissen.

Manche von uns scheinen diese Prüfungssituationen locker zu nehmen oder sich gar darauf zu freuen und gehen siegessicher in die Prüfung. Anderen wiederum bricht im Angesicht der Prüfung oder schon beim bloßen Gedanken an die Prüfung der kalte Angstschweiß aus. Sie gehören wahrscheinlich zu der letzten Gruppe - bis jetzt jedenfalls noch. Wenn Sie dieses Buch jedoch durcharbeiten und die von uns vorgeschlagenen Übungen gründlich und gewissenhaft machen, dann können Sie in das Lager derer übertreten, für die eine Prüfung zwar kein Anlass ist, um vor Freude in die Luft zu springen, die aber mit so wenig Angst und Denkblockaden in eine Prüfung gehen, dass sie das, was sie gelernt haben, auch an den Prüfer bringen.

Sie haben bemerkt: Wir haben nicht gesagt, <ohne Angst in eine Prüfung gehen>. Überhaupt keine Angst zu haben, wäre nämlich auch nicht gut. Wissenschaftler haben festgestellt, dass ein mittleres Ausmaß an Angst, d.h. die Prüfung ist uns weder gleichgültig, noch bedeutet sie absolute Lebensgefahr, optimal zur Aufnahmebereitschaft für Informationen ist. Sehr wenig Angst ist ein Zeichen zu geringer Aktivierung, das Leistungsergebnis ist gering. Bei mittlerem

Angstniveau ist die Leistung - soweit Situation und Fähigkeiten dies zulassen - gut; bei hoher Angst wirkt die damit verbundene überstarke Aktivierung leistungsstörend.

An wen wendet sich dieses Buch?

Dieses Buch wendet sich an Menschen, die vor Prüfungen oder prüfungsähnlichen Situationen (Rede bei einer Feier, Vortrag, sportlicher Wettkampf, Bewerbungsgespräch, erstes Rendezvous) stehen, deren Verhalten oder Person in Leistungssituationen bewertet wird, die sich nicht zum Lernen motivieren können, denen es an geeigneten Arbeitstechniken mangelt, die in Leistungssituationen durch Ängste blockiert sind und ihr Wissen nicht optimal wiedergeben können.

Der Einfachheit halber werden wir für all diese Situationen den Begriff «Prüfung» verwenden. Für das Bestehen einer Prüfung sind sowohl Arbeitstechniken zur Prüfungsvorbereitung als auch die Motivation und geistige Einstellung des Einzelnen von Bedeutung. Ferner spielen Arbeitsplatz und äußere Rahmenbedingungen eine Rolle. Unser Ziel ist es, Ihnen in diesem Buch solche Strategien zu vermitteln, die Ihnen helfen, sich zum Lernen zu motivieren und Ihr Wissen in der Prüfungssituation besser zu entfalten. Nicht eingehen werden wir auf Leistungsstörungen, die dadurch bedingt sind, dass der Einzelne in diesem Bereich intellektuell überfordert ist.

Hinweise für das Durcharbeiten dieses Buches

Dieses Buch beruht auf Erfahrungen, die wir mit Klienten machten, die unsere Praxis wegen Prüfungsängsten aufsuchten. Damit Sie diese Erfahrungen für Ihre nächste Prüfung optimal nutzen können, möchten wir Ihnen einige Tipps für das Durcharbeiten dieses Buches geben.

Das Lesen allein wird Sie nicht von Ihrer Prüfungsangst befreien. Wenn Sie gelassener in die nächste Prüfung gehen möchten, müssen Sie etwas dafür tun. Prüfungsängste lassen sich vermindern, aber das erfordert ein wenig Training. Gewohnheiten - und dazu zählt auch die Prüfungsangst - lassen sich nur durch Training überwinden. Beherzigen Sie also unsere nachfolgenden Tipps.

1. Je nachdem, vor welcher Art von Prüfung Sie stehen, sind nicht alle Kapitel dieses Buches gleich wichtig für Sie. Deshalb empfehlen wir Ihnen, das Buch zunächst einmal in einer Art Schnelldurchlauf zu überfliegen. Dadurch können Sie erkennen, worauf Sie nachher beim gründlichen Durcharbeiten besonders achten müssen. Der Prüfungsangst-Test im Anschluss an dieses Kapitel wird Ihnen eine zusätzliche Entscheidungshilfe bieten.

2. Nun müssen Sie Ihre Vorgehensweise wechseln. Dies hier ist ein Arbeitsbuch, das Sie auch so behandeln sollten. Sie wollen lernen, Ihre Angst so weit in den Griff zu bekommen, dass diese Sie nicht mehr behindert und blockiert. Das erfordert etwas Übung. Beginnen Sie mit Teil I, der Erscheinungsform und den Ursachen Ihrer Prüfungsangst. Legen Sie sich ein Arbeitsheft an, in das Sie all Ihre Erkenntnisse schreiben. Streichen Sie beim Lesen des Buches die wichtigen Stellen an.

3. Wählen Sie sich die Strategien zur mentalen Einstellung aus Teil II aus, die Sie besonders ansprechen. Machen Sie diese zu Ihrem geistigen Eigentum, indem Sie sie täglich üben. Sie können in Stress-Situationen nur das abrufen, was Ihnen in Fleisch und Blut übergegangen ist.

4. Sollte der nachfolgende Prüfungsangst-Test ergeben, dass es Ihnen auch an Lern- und Arbeitstechniken oder Motivationsstrategien fehlt, müssen Sie sich auf jeden Fall auch mit Teil III, den Lern- und Arbeitstechniken, befassen.

5. Wenn Sie nach dem Durcharbeiten dieses Ratgebers weitere Hilfe benötigen, dann wenden Sie sich bitte an einen verhaltenstherapeutisch orientierten Psychotherapeuten. In jeder Stadt gibt es außerdem städtische, kirchliche und staatliche Beratungsstellen, die (kostenlos) Beratungen anbieten.

Prüfungsangst zu haben ist keine Schande. Wir wünschen Ihnen alles Gute für Ihre nächste Prüfung und die nötige Gelassenheit, um das meiste für sich herauszuholen.

Dr. Doris Wolf & Dr. Rolf Merkle

Teil I

1
Prüfungsangst-Test

Unsere Leistung, wie gut wir etwas machen, wird von mehreren Faktoren beeinflusst: von unserer Einschätzung der Situation (wie wichtig sie für uns ist und wie bedrohlich wir sie erleben), von unseren Fähigkeiten (und wie wir diese einschätzen) und unserer Motivation. Und natürlich spielen auch unser Wissen und die Kenntnis effektiver Arbeitstechniken eine bedeutsame Rolle.

Dieser Test zeigt Ihnen, in welchen Bereichen Sie Schwierigkeiten haben können und welche Kapitel Sie intensiv durcharbeiten müssen. Markieren Sie die Feststellungen, denen Sie zustimmen.

Mentale Einstellung

☐ Beim Gedanken an die Prüfung sehe ich mich durchfallen.
☒ Ich denke oft, ein schlechtes Gedächtnis zu haben.
☐ Im Geiste sehe ich mich total blockiert in der Prüfung.
☒ Es wäre mir sehr peinlich, durchzufallen.
☐ Mit Prüfungen habe ich nur schlechte Erfahrungen gemacht.
☐ Bei Prüfungen habe ich immer einen Blackout.
☒ Bei Prüfungen gerate ich regelmäßig unter Zeitdruck.
☐ Die Prüfer erwischen mich immer bei meinen Wissenslücken.
☐ Wenn ich aufgerufen werde, ist mein Kopf leer.
☒ Ich muss alles perfekt machen.
☒ Dieses Mal muss es klappen.
☒ Ich könnte es nicht ertragen, die Prüfung nicht zu bestehen.
☐ Wenn ich durchfalle, kann ich mich gleich erschießen.

Arbeitsweise

☒ Ich lasse mich beim Lernen leicht ablenken.
☒ Ich habe mir Lernziele gesteckt, aber kann sie nicht einhalten.
☒ Ich schiebe das Lernen immer auf den letzten Drücker hinaus.

☐ Arbeitspläne halte ich für überflüssig.

☒ Vor der Prüfung darf man sich keine Freizeit gönnen.

Körperliches - emotionales Befinden

☐ Wenn ich an die Prüfung denke, habe ich Schmetterlinge im Bauch.

☒ Schon Wochen vor der Prüfung bin ich total genervt.

☐ Ich kann mich schlecht entspannen.

☐ Ich kann nicht abschalten.

☐ Vor Prüfungen leide ich unter Schlafstörungen.

Geistige Leistungsfähigkeit

☒ Ich kann mich schlecht konzentrieren.

☒ Ich bin überhaupt nicht motiviert, für die Prüfung zu lernen.

☐ Ich kann mir manchmal überhaupt nichts merken.

☐ Ich kann keine Bücher mehr sehen.

Wie Sie negative mentale Einstellungen und Ihr seelisches und emotionales Befinden positiv beeinflussen können, erfahren Sie in Teil II. Über Strategien zur Veränderung der Arbeitsweise und der geistigen Leistungsfähigkeit informiert Sie Teil III.

2
Wie äußert sich Prüfungsangst?

Prüfungsangst hat viele unterschiedliche Gesichter. Manchmal ist uns nicht einmal bewusst, dass wir unter Prüfungsangst leiden. Wir fühlen uns lediglich körperlich unwohl und sind innerlich angespannt. Prüfungsangst kann unser seelisches und körperliches Befinden, unsere geistige Kapazität und unser Verhalten beeinträchtigen.

a) seelisches Befinden:
Angst, Unsicherheit, Reizbarkeit, Unlustgefühle, Stimmungsschwankungen, Panikattacken. Die Angst kann, wenn sie lange anhält, in Mutlosigkeit und Depressionen, aber auch Wut münden.

b) körperliches Befinden:
Anspannung, innere Unruhe, Einschlaf- und Durchschlafstörungen, Kopfschmerzen, Magen-Darm-Beschwerden, Nackenverspannung, Müdigkeit, Mattigkeit, Schwitzen, Zittern, Erröten, Blutdrucksteigerung, schnelles, flaches Atmen, Schwindelgefühle, Drang zum Wasserlassen, Schluckbeschwerden, Kloßgefühl im Hals, Appetitlosigkeit oder Heißhungerattacken, Herzschmerzen

c) geistige Leistungsfähigkeit:
Aufmerksamkeits- und Konzentrationsstörungen, Denkblockaden, Merkfähigkeitsstörungen, der Überblick geht verloren, Selbstzweifel, Grübeln, Sich-Sorgen-Machen

d) Verhalten:
Der Betroffene flüchtet aus der Prüfungssituation, meidet die Prüfungssituation, nimmt Beruhigungstabletten oder trinkt übermäßig viel Alkohol, um ruhiger zu werden, wird zwanghaft im Verhalten, flüchtet in unwichtige Routinearbeiten, statt sich auf die Prüfung vorzubereiten.

Nicht jeder, der unter Prüfungsangst leidet, ist in all diesen Bereichen beeinträchtigt. Jeder verspürt nur einen Teil der

Symptome und diese variieren in ihrer Stärke. Auch treten die Symptome bei jedem zu unterschiedlichen Zeiten auf. So nehmen bei manchen Menschen die Prüfungsängste von Tag zu Tag zu. Vor dem Prüfungstermin sind sie am stärksten. Andere schieben die Prüfungsvorbereitungen so lange auf, bis der Druck (die Angst) sehr groß wird. Dann folgt eine kurzfristige Höchstanspannung. Bei manchen Menschen wechseln sich die Phasen der Anspannung und Entspannung ab. Andere wiederum stehen die gesamte Zeit der Prüfungsvorbereitung unter Höchstanspannung, so dass die Gefahr der Erschöpfung besteht.

Menschen, die vor einer Prüfung stehen, unterscheiden sich aber auch darin, wovor sie Angst haben. Die Prüfungsängste können sich auf ganz unterschiedliche Bereiche beziehen:

a) Angst vor der Prüfungsvorbereitung
b) Angst vor der Prüfungssituation
c) Angst vor dem Prüfer
d) Angst vor den Folgen des Versagens in der Prüfung: berufliche Nachteile, Selbstzweifel, Blamage, usw.
e) Angst vor den Folgen einer bestandenen Prüfung: höhere Leistungsanforderungen durch andere verbunden mit der Angst, diesen nicht gewachsen zu sein.

In diesem Ratgeber werden wir Ihnen einfache Methoden vorstellen, die unseren Klienten in der Praxis geholfen haben, sich seelisch, körperlich und geistig optimal auf eine Prüfung vorzubereiten und gelassener in die Prüfung zu gehen. Diese Methoden sind leicht zu erlernen und garantiert wirkungsvoll - wenn Sie diese anwenden.

Aber lassen Sie sich nicht täuschen. Wir haben nicht gesagt, dass es leicht sein wird, Ihre Prüfungsängste zu überwinden. Je größer Ihre Prüfungsängste sind, umso mehr müssen Sie sich Zeit für das Angstbewältigungs-Training nehmen. Doch mehr darüber später. Im nächsten Kapitel wollen wir uns zunächst mit den Ursachen von Prüfungsängsten beschäftigen.

3
Ursachen der Prüfungsangst

Prüfungsangst ist keine Krankheit. Sie ließe sich leicht vermeiden, indem man die Prüfungen abschaffen oder nicht in die Prüfung gehen würde. Mit dem Gedanken, einfach nicht in die Prüfung zu gehen, oder zu wünschen, dass der Prüfer auf der Stelle tot umfällt und die Prüfung ausfällt, haben Sie vielleicht auch schon gespielt. Damit wäre das Problem jedoch nicht aus der Welt geschafft. Es wäre nur aufgeschoben. Es gibt bessere Strategien, mit den leidigen Prüfungen umzugehen. Ehe wir uns diese genauer anschauen, müssen wir uns jedoch zunächst mit den Ursachen der Prüfungsangst befassen.

Viele Menschen denken, vor einer Prüfung müsse man einfach Angst haben. Sie sehen die bevorstehende Prüfung als Ursache ihrer Angst an. Wenn es jedoch die Prüfung als solche wäre, die uns Angst machte, dann wäre das Geld für den Kauf dieses Buch hinausgeworfen. In diesem Fall könnten Sie nämlich nichts gegen Ihre Angst unternehmen. Dem ist jedoch, Gott sei Dank, nicht so.

Wenn es aber nicht die Prüfung an sich ist, die uns in Angst und Schrecken versetzt, was ist es dann? Wie erklären wir uns die Tatsache, dass manche Menschen keine oder nur geringe Prüfungsangst haben, während andere jede Prüfung als eine Hinrichtung empfinden? Ist das Veranlagungssache? Wenn es von Geburt an ängstliche und ruhige Menschen geben würde und wir unglücklicherweise zur Gruppe der Ängstlichen gehörten, dann hätten Sie ebenfalls kein Chance, Ihre Ängste abzubauen. Doch auch dem ist nicht so. Wenn es aber nicht die Prüfungssituation als solche ist, die uns in Angst versetzt, und es auch keine Frage der Veranlagung ist, was versetzt uns dann in Panik?

Die Ursache von Prüfungsängsten

Wir verspüren Angst, wenn wir uns ausmalen, dass wir in der Führerscheinprüfung kläglich versagen, dass unsere Bekannten und Freunde sich über uns lustig machen werden, dass wir uns schrecklich blamieren werden. Wir geraten in Panik, wenn wir uns vorstellen, im Vorstellungsgespräch vor Aufregung zu stottern und kein vernünftiges Wort herauszubringen, wenn wir an unseren Fähigkeiten zweifeln und uns als minderwertig und dumm abstempeln, usw.

Wir verspüren Angst, wenn wir uns bewusst oder unbewusst sagen: „Ich werde die Prüfung sicherlich verhauen. Vor lauter Aufregung kriege ich bestimmt kein Wort heraus. Ich darf keinen Fehler machen. Wenn ich durchfalle, kann ich mich gleich begraben lassen. Die Schande ertrage ich nicht. Dann kann ich keinem mehr unter die Augen treten. Alle werden sich über mich lustig machen. Ich bin einfach nicht intelligent genug. Alle anderen schaffen Prüfungen mit links, nur ich stelle mich so dumm an. Die anderen werden die Prüfung sicher bestehen. Ich werd' der Einzige sein, der durchfällt."

Sicherlich kennen Sie solche Gedanken zur Genüge und wissen, welch verheerende Auswirkungen diese auf Ihr Wohlbefinden haben. Bei solchen Gedanken ist es mit der Ruhe und Ausgeglichenheit endgültig vorbei. Solche Gedanken treiben Ihnen den Angstschweiß auf die Stirn, verwandeln Ihren Körper in ein Tollhaus, in dem alles drunter und drüber geht, na ja, Sie wissen schon, rufen eben die ganzen unangenehmen Symptome hervor, die mit starker Angst einhergehen.

„Ist es denn nicht normal, Angst zu haben, wenn vom Bestehen der Prüfung eine Beförderung, eine Anstellung oder wichtige persönliche Entscheidungen abhängen?", werden Sie nun vielleicht fragen.

Angst ist normal in dem Sinne, dass die meisten Menschen in diesen Situationen Angst empfinden. Wenn die Angst Sie jedoch unfähig macht, trotz guter Vorbereitung klar zu denken, ist sie nicht hilfreich. Auch wenn vom Bestehen der Prüfung für Sie sehr viel abhängt, so erzeugt die Prüfung dennoch keine Angst. Es ist vielmehr Ihre Bewertung, die Angst hervorruft, nämlich dass vom Bestehen der Prüfung sehr viel abhängt, um nicht zu sagen, dass Ihr Leben davon abhängt. Wenn Sie das Bestehen einer Prüfung zu einer Frage von Leben und Tod machen, wenn Sie also die Bedeutung der Prüfung oder das Versagen in der Prüfung überschätzen und dramatisieren, dann erzeugen Sie bei sich Angst.

Die Angst wird durch ängstliche Einstellungen hervorgerufen. Diesen Zusammenhang zwischen unseren ängstlichen Gedanken und unseren Ängsten bezeichnen wir als ABC der Gefühle. Was sagt das ABC der Gefühle aus? Bevor Angst aufkommen kann, müssen zwei Dinge passieren. 1. Wir nehmen etwas wahr und 2. wir bewerten diese Wahrnehmung.

Das ABC der Gefühle
A: Situation: Was passiert?
B: Bewertung: Wie denke ich darüber?
C: Gefühl, Körperreaktion, Verhalten: Wie fühle ich mich? Wie reagiert mein Körper? Wie verhalte ich mich?

Herr M., ein Student, der uns wegen Prüfungsängsten aufsuchte, machte sich folgende Gedanken über seine bevorstehende Prüfung:
A: Situation: Ich habe in 8 Wochen meine Diplom-Prüfung.
B: Bewertung: Bestimmt kriege ich kein Wort heraus. Wenn ich durchfalle, ist alles aus. Das wäre eine Katastrophe. Das könnte ich nicht ertragen.
C: Gefühl, Körperreaktion, Verhalten: Angst und Anspannung, bin verunsichert, lerne Tag und Nacht

Herr K., ebenfalls Student, sagte uns, er denke über seine bevorstehende Prüfung so:
A: Situation: Diplom-Prüfung in 4 Monaten
B: Bewertung: Ich habe mich gut vorbereitet. Ich lasse die Prüfung auf mich zukommen. Selbst wenn ich einen Augenblick blockiert sein sollte und mein Kopf scheinbar leer wäre, ist das keine Katastrophe. Prüfer sind auch Menschen und haben dafür Verständnis. Ich wäre nicht der erste Prüfling, dem so etwas passierte. Meine Denkblockade wird sich nach kurzer Zeit wieder auflösen, wenn ich ein paar Mal tief durchatme und mich kurz entspanne. Wenn ich die Prüfung nicht bestehe, wäre das zwar unangenehm, aber kein Weltuntergang. Dann wiederhole ich die Prüfung eben.
C: Gefühl, Körperreaktion, Verhalten: leichte Anspannung, fühle mich relativ sicher, lerne und mache auch Pausen

Sie sehen, Herr M. und Herr K. unterscheiden sich in der Art, wie sie die Situation und ihre Fähigkeiten einschätzen - und deshalb reagieren beide auch völlig verschieden auf die bevorstehende

16

Prüfung. Würde Herr K. wie Herr M. denken, d.h. würde er sich auch solch negative und Angst auslösende Gedanken machen, dann hätte er genau so viel Angst vor der Prüfung wie Herr M. Da er sich und seine Fähigkeiten aber realistisch einschätzt, er es für unwahrscheinlich hält, dass er durch die Prüfung fällt bzw. im Durchfallen keine Katastrophe sieht, kann er der Prüfung relativ gelassen und selbstsicher entgegensehen.

Schauen wir uns noch das Beispiel von Frau L. an, die vor einem Bewerbungsgespräch stand.
A: Situation: In einer Woche stelle ich mich bei der Firma X vor.
B: Bewertung: Das ist eine einmalige Chance. Ich muss diese Stelle unbedingt bekommen. So eine Stelle bekomme ich nie wieder.
C: Gefühl, Körperreaktion, Verhalten: Angst, Schlafstörungen

Frau W. hatte ebenfalls einen Vorstellungstermin bei einer Firma. Sie blieb im Gegensatz zu Frau L. wesentlich ruhiger. Ihr ABC sah so aus:
A: Situation: In einer Woche stelle ich mich bei Firma Y vor.
B. Bewertung: Mir ist es sehr wichtig, diese Stelle zu bekommen. Deshalb bereite ich mich gut auf das Bewerbungsgespräch vor. Im Bewerbungsgespräch spielen viele Faktoren eine Rolle, die ich nicht kontrollieren kann. Sollte ich die Stelle nicht bekommen, heißt das nicht, dass ich unfähig bin. Ich werde dann nach einer anderen Stelle Ausschau halten. Dies ist nicht die einzige Stelle, die für mich in Frage kommt, wenngleich sie ideal für mich wäre.
C: Gefühl, Körperreaktion, Verhalten: leichte Anspannung, Wachheit, übe das Bewerbungsgespräch.

Beide Frauen bewerten das Bewerbungsgespräch als wichtig für ihr Leben. Frau L. dramatisiert jedoch die Bedeutung der Stelle. Sie redet sich ein, ohne sie nicht weiterleben zu können. Deshalb reagiert ihr Körper mit Angst und Schlafstörungen, was dann häufig zu einem Misserfolg oder einem ungünstigen Verlauf im Vorstellungsgespräch führt.

An diesen Beispielen erkennen Sie, dass es von Ihrer Einschätzung der Prüfung abhängt, wie Sie sich fühlen und verhalten. Bedeutet ein Ereignis für Sie etwas Positives, d.h. denken Sie, es ist angenehm, es gelingt, es ist schön, gut und hilfreich, empfinden Sie positive Gefühle wie Liebe, Freude, Glück. Bewerten

Sie das Ereignis als negativ, d.h. denken Sie, es ist schlimm, es wird ein Misserfolg, eine Katastrophe, es wird unerträglich und gefährlich, verspüren Sie Angst und Unsicherheit. Hat das Ereignis für Sie weder eine positive noch negative, sondern neutrale Bedeutung, stehen Sie ihm also relativ gleichgültig gegenüber und denken, es geht schon in Ordnung, fühlen Sie sich ausgeglichen, gelassen und ruhig.

Sie sehen: Unsere Bewertung entscheidet, wie wir uns fühlen. Bewerten wir etwas als negativ, hat unser Körper keine Wahl, wie er sich fühlen möchte. Eine negative Bewertung führt automatisch zur Erzeugung eines negativen Gefühls! Unser Gefühl hat immer Recht, in dem Sinne, dass es das widerspiegelt, was wir denken. Die Angst hat demnach immer ihre Berechtigung - nicht für die Situation, sondern für unsere Bewertung. Wir verspüren Angst, weil wir uns ängstliche Gedanken machen. Wir können aus unserer Angst niemals folgern, dass tatsächlich etwas gefährlich für uns ist, sondern nur, dass wir denken, es sei gefährlich.

Aus dem ABC der Gefühle können Sie ersehen, dass Sie theoretisch in jeder Situation, also auch in der Prüfungssituation, drei Möglichkeiten haben, wie Sie sich fühlen. Wir betonen das Wörtchen „theoretisch", weil Sie als erwachsener Mensch bereits eine Unsumme von Bewertungen für Prüfungssituationen gespeichert haben, die dann, sind sie einmal verinnerlicht, automatisch abgerufen werden. Manche Menschen sprechen in diesem Zusammenhang auch davon, dass die Bewertungen „im Unterbewusstsein sind" und uns automatisch steuern. In jedem Augenblick unseres Lebens bewertet und speichert unser Gehirn die Erlebnisse und Erfahrungen und sortiert diese danach, ob sie positiv, neutral oder negativ für uns waren. In jeder neuen Situation überprüft es dann blitzschnell, ob wir mit dieser Situation schon einmal in Berührung gekommen sind oder etwas darüber von anderen erfahren haben. Haben wir eine ähnliche Situation schon einmal erlebt, bewertet es die Situation automatisch nach derselben Bewertung.

Warum habe ausgerechnet ich Prüfungsangst?

„So weit, so gut. Es sind also meine ängstlichen Gedanken, mit denen ich mir Angst einjage. Warum aber mache ich mir überhaupt solche Gedanken? Es gibt doch auch Menschen, die sich solche Gedanken nicht machen?"

Die Antwort auf Ihre Fragen liegt in Ihrer Kindheit. Sie haben gelernt, in bestimmten Situationen so zu reagieren. Schauen wir uns einmal kurz die Ursachen dafür an.

Prüfungsangst und elterlicher Erziehungsstil

Wissenschaftliche Untersuchungen haben ergeben, dass die Eltern ängstlicher Kinder weniger mit ihren Kindern sprechen und sich weniger Gedanken über deren emotionale Bedürfnisse machen. Ihre Hauptaufgabe sehen sie darin, ihren Kindern Verbote und Regeln, was gut und richtig ist, zu vermitteln. Sie unterdrücken den Wissensdrang der Kinder und den Ausdruck von Gefühlen, achten eher auf Bewertungsaspekte und Normen. Häufig überfordern sie die Kinder, weil sie deren Fähigkeiten nicht genügend berücksichtigen. Die Eltern geben wenig verbale und praktische Unterstützung. Sie bestrafen sie häufiger bei Nichterfüllung der Leistungsansprüche. So lernen die Kinder, sich als brav und gut zu bewerten, wenn sie etwas gut und richtig machen und den Vorstellungen der Eltern entsprechen. Sie lernen, dass es schlimm ist, wenn ihnen Fehler unterlaufen, und dass die Eltern sie dann ablehnen. Später übernehmen sie dann selbst die Rolle der Eltern und lehnen sich selbst ab, wenn sie einen Misserfolg haben. Sie erleben dann jede Leistungssituation als eine persönliche Bedrohung, bei der sie befürchten, schlecht abzuschneiden und damit in der Gunst anderer (ursprünglich ihrer Eltern) zu sinken.

Prüfungsangst und Persönlichkeit der Eltern

Wenn Eltern große Ängste vor Prüfungen oder vor Autoritäten haben, lernt das Kind die Situationen genauso als gefährlich einzuschätzen wie seine Eltern. Es übernimmt die Befürchtungen der Eltern, schaut sich die Reaktionsweisen der Eltern ab und ahmt sie nach.

Prüfungsangst und Erfahrungen in der Kindheit/Jugend

Die heutigen Bewertungen und die damit verknüpften Gefühle werden auch beeinflusst durch die in der Kindheit und Jugend gemachten Erfahrungen mit Prüfungen. Welche Erfahrungen haben Sie mit früheren Prüfungen gemacht? Wurden Sie ausgelacht bei Ihrem ersten Referat vor der Klasse? Haben Sie die Erfahrung gemacht, Prüfungssituationen nie gut zu bewältigen? Haben Sie die Erfahrung gemacht, dass es sich nicht lohnt, sich auf die Prüfung gut vorzubereiten, oder dass die Prüfer meist ungerecht sind? Haben Sie erlebt, dass Sie mit Misserfolgen nicht gut umgehen können? Sind Sie einmal in der Schule nicht versetzt worden und konnten sich das nie verzeihen? Haben Sie vor Klassenarbeiten meist nur sehr schlecht schlafen können?

Dann haben Sie höchstwahrscheinlich gelernt, Prüfungen als etwas Gefährliches anzusehen, und haben deshalb als Erwachsener panische Angst davor. Oder haben Sie gelernt, wie man sich auf eine Prüfung effektiv vorbereitet und wie man sich motiviert? Haben Sie erlebt, dass Sie sich nach Prüfungen erleichtert und stolz gefühlt haben? Waren die Lehrer Ihnen gegenüber gerecht und fair? Haben Sie die Erfahrung gemacht, eine erfolglose Prüfung im zweiten Anlauf zu bestehen? Haben Sie gelernt, dass Prüfungen nicht darüber entscheiden, ob Sie ein guter oder schlechter Mensch sind? Haben Sie gelernt, dass im Nachhinein alles doch nicht so schlimm war, wie es zunächst für Sie aussah? Haben Sie erlebt, dass Ihre Eltern Sie auch bei schlechten Leistungen noch akzeptierten und Ihnen das Gefühl gaben, von ihnen geliebt zu werden? Haben Ihre Eltern Sie gelobt und unterstützt, wenn Sie Hilfe benötigten? Dann werden Sie Prüfungen heute höchstwahrscheinlich nicht als Damoklesschwert erleben und relativ selbstsicher und gelassen in die Prüfung gehen.

Prüfungsangst und gesellschaftliche Normen

In unserer Gesellschaft herrscht die Vorstellung, dass erfolgreiche Menschen auch glückliche Menschen sind. Je mehr jemand leistet, desto mehr gilt er in der Gesellschaft, desto mehr verdient er, desto mehr kann er sich leisten. Der Leistungsaspekt wird überbetont, es kommt zu einem Konkurrenzdenken und der Vernachlässigung von Kontakten, Kommunikation und Kreativität. Da die Anzahl der Studien- und Arbeitsplätze in höherqualifizierten Positionen nicht stetig ansteigt, bekommen Prüfungen immer mehr die Aufgabe, dass man den Mitbewerber aussticht, unabhängig von der objektiven Güte der Leistung. Es entsteht gleichzeitig auch die Angst, vom anderen übertroffen oder in seinen Schwächen ausgenutzt zu werden. Es kommt zu Isolation und einem Mangel an freundschaftlichen Kontakten. Der Einzelne lernt häufig nicht mehr, weil es ihm Spaß macht, sich Wissen anzueignen, sondern weil er die

Prüfung bestehen und die damit verknüpften Vorteile in Anspruch nehmen möchte. Er erhält von der Gesellschaft als Ausgleich soziale Anerkennung und Geld. Das Interesse an Diskussionen über den Lernstoff hinaus oder an Fragen, die nicht prüfungsrelevant sind, lässt nach. Der Ausbilder oder Dozent bekommt eine immer größer werdende Machtposition, weil man sich nach seinen Schwerpunkten und Vorlieben ausrichtet. Die Einführung des Numerus Clausus führt dazu, dass viele nicht mehr das Fach studieren können, was sie möchten, die Regelstudienzeit macht den Einfluss von Prüfungen noch gewichtiger. Mittlerweile gibt es eine ganze Menge von „Aussteigern", die sich gegen die immer größer werdenden Leistungsanforderungen und die damit ansteigende Bedürfnisbefriedigung wehren.

Durch das Wissen über die Ursprünge Ihrer Prüfungsängste und das Wissen um die „Unsinnigkeit" von Noten werden Ihre Prüfungsängste leider nicht weniger. Wir haben diesen Ausflug zu den Wurzeln Ihrer Ängste nur unternommen, weil wir Ihnen zeigen wollten, dass Ihre Ängste gelernt und nicht vererbt sind.

Als wir geboren wurden, wussten wir kaum etwas von den Gefahren des Lebens. Ein paar Angstreaktionen wie beispielsweise die Angst vor lauten Geräuschen oder vor plötzlichem Fallen sind uns angeboren, aber die übrigen Einschätzungen haben wir erlernt. So etwa, dass von herannahenden Autos oder Steckdosen eine Gefahr ausgeht. Wir lernten aber auch, Ablehnung durch andere, eine Sechs in einer Klassenarbeit, Kritik durch die Eltern, Fehler in Gegenwart anderer oder das Rotwerden vor der Klasse als gefährlich und schlimm für uns anzusehen.

Alles aber, was man sich angeeignet hat, kann man auch wieder verlernen. Und deshalb können wir Ihnen auch Möglichkeiten aufzeigen, wie Sie Ihrer Prüfungsangst zu Leibe rücken und gelassener in die nächste Prüfung gehen können.

Grundsätzlich spielen bei der Erzeugung der Prüfungsangst zwei Bewertungen oder Einschätzungen eine große Rolle:

1. Der subjektive Wert, den Sie der Prüfung beimessen.
Wie wichtig ist die Prüfung für Sie, um andere Ziele zu erreichen? Was gewinnen Sie, was verlieren Sie? Wollen Sie dadurch eine

Belohnung von den Eltern bekommen, Anerkennung von der Umwelt, Ihre Selbstachtung steigern, im gleichen Klassenverband bleiben, studieren können, bessere finanzielle Möglichkeiten haben? Wie schlimm ist für Sie ein Misserfolg bei der Prüfung? Ist Misserfolg für Sie gleichbedeutend damit, ein Versager zu sein? Glauben Sie, dann von allen Menschen abgelehnt zu werden? Glauben Sie, das Leben habe dann keinen Sinn mehr für Sie?

2. Ihre subjektive Einschätzung der Wahrscheinlichkeit, Ihr Ziel zu erreichen.
Hierbei spielen Ihre Vorerfahrungen mit Prüfungen eine große Rolle, aber auch die Einschätzung Ihrer Fähigkeiten. (Wie wahrscheinlich ist der Gewinn? Wie wahrscheinlich ist der Verlust?)

Prüfungsangst entsteht also, wenn Sie eine bestimmte Situation als bedrohlich, unmittelbar bevorstehend und besonders verheerend einschätzen und Ihre Fähigkeit, mit der Gefahr (Prüfung) umzugehen, als sehr gering ansehen.

Sie haben es also durch die Art und Weise, wie Sie denken, in der Hand, wie selbstsicher Sie in die Prüfung gehen. Diese Bewertungen laufen blitzschnell und automatisch ab, so dass sie Ihnen vielleicht gar nicht im Einzelnen bewusst sind. Oder waren Sie sich bis jetzt bewusst, dass Sie erst denken, bevor Sie Ihre Angst verspüren? Vielleicht ja, aber Sie wussten nicht, wie Sie diese sorgenvollen Gedanken loswerden sollten, und fühlten sich ihnen eher ausgeliefert. In den Kapiteln 6 und 7 lernen Sie Techniken kennen, wie Sie dieser störenden Gedanken Herr werden und sie aus Ihrem Kopf verbannen können.

Die Macht Ihrer Phantasie

Haben Sie eine lebhafte Phantasie? Haben Sie die großartige Fähigkeit, sich im Geiste alles bildlich vorzustellen und in den buntesten Farben auszumalen? Ist in Ihrem Kopf quasi ein Kino, in dem ständig Filme vorgeführt werden - in Farbe und Stereoton?

Dann heißt es aufgepasst. In diesem Fall nämlich müssen Sie auch den Filmvorführungen in Ihrem Kopf Beachtung schenken, wenn Sie vor Prüfungen gelassener werden möchten. Ihre Prüfungsängste werden dann nämlich maßgeblich durch Ihre

Vorstellungsbilder gesteuert. Ein solches Bild könnte so aussehen: Sie sehen sich, wie Sie hilflos an Ihrem Bleistift knabbernd vor einem leeren Prüfungsbogen sitzen oder schwitzend und wortlos vor einem Prüfer stehen. Sie können sich lebhaft vorstellen, wie Ihre Freunde Sie auslachen oder sich über Sie lustig machen, wenn Sie ihnen beichten, dass Sie durch die Prüfung gefallen sind. Keine angenehme Vorstellung, oder?

Wenn Sie ein Bilderdenker sind - so bezeichnen wir Menschen, deren Verhalten durch Gedanken und Vorstellungen gesteuert wird - dann sind Sie in besonderem Maße für die körperlichen und seelischen Symptome der Prüfungsangst anfällig. Alles nämlich, was man sieht, übt eine viel größere Wirkung auf uns aus, als was man nur hört. Sie können das unmittelbar nachvollziehen, wenn Sie von einem schweren Unfall im Radio hören bzw. wenn Sie diesen Unfall im Fernsehen sehen oder gar live auf der Autobahn dabei sind. Der Eindruck ist immer nachhaltiger und größer, wenn man etwas sieht.

Ihre Prüfungsängste und deren körperliche Begleiterscheinungen sind umso größer, je mehr Sie in der Lage sind, sich die vermeintliche Katastrophe - das Durchfallen oder den Misserfolg - bildlich vorzustellen.

Ihr Gehirn kann nicht unterscheiden, ob Sie sich ein Ereignis nur „einbilden" oder ob es tatsächlich passiert. Es verarbeitet, was Sie sich in Ihrem Geiste vorstellen. Ihre Gedanken und Phantasien beeinflussen Ihren Stoffwechsel, Ihre Muskelanspannung, Ihren Herzschlag und Blutdruck, Ihre Atmung und Ihre Gefühle. Sie können die Macht Ihrer Phantasie und Ihrer Gedanken am eigenen Leibe erfahren, wenn Sie folgendes kleine Experiment machen.

Ein Experiment

Stellen Sie sich vor, vor Ihnen liegt eine wunderschöne, gelbe und saftige Zitrone. Stellen Sie sich weiter vor, Sie nehmen diese in die Hand und riechen daran. Sie können durch die Schale hindurch schon das Säuerliche riechen. Nun schneiden Sie - immer noch in Ihrer Vorstellung - die Zitrone in 2 Hälften. Der Zitronensaft quillt heraus. Sie nehmen in Gedanken die eine Hälfte in Ihre Hand und riechen wieder daran. Nun können Sie schon sehr viel deutlicher die Säure riechen. Nun stellen Sie sich vor, Sie beißen herzhaft in die

Zitrone. Der Zitronensaft läuft Ihnen die Mundwinkel herunter.

Haben Sie diese kleine Vorstellungsübung gemacht? Wenn Ja, dann haben Sie bei sich wahrscheinlich zwei Dinge festgestellt:
1. Ihr Mund hat vermehrt Speichel produziert und
2. Sie haben Ihr Gesicht verzogen.

Dieser kleine Selbstversuch zeigt Ihnen zweierlei:
1. Ihre Gedanken und Phantasien sind keine harmlosen Kumpanen. Sie sind Kräfte, die Ihren Körper veranlassen, zu reagieren. Ihr Körper hat so reagiert, als würde das tatsächlich geschehen, was Sie sich lediglich eingebildet haben.

2. Sie können ferner sehen, dass Ihr Gehirn nicht unterscheiden kann, ob Sie tatsächlich etwas erleben, oder ob Sie sich nur einbilden, etwas sei so.

Welche Bedeutung haben diese beiden Erkenntnisse für Ihre Prüfungsangst? Wenn sich in Ihrem Kopf eine Katastrophe nach der anderen abspielt, wenn Sie sich also lebhaft vorstellen, wie Sie in der Prüfung oder im Bewerbungsgespräch kein Wort herausbringen oder eine Denkblockade haben, dann ist es sehr wichtig, dass Sie Ihre negative Phantasie zügeln lernen bzw. Ihre Phantasie in die richtige (positive) Bahn lenken. Dann nämlich kann Ihre lebhafte Phantasie Ihnen auch wertvolle Dienste leisten.

Wie Sie Ihre Phantasie als eine sehr wirksame Waffe im Kampf gegen Ihre Prüfungsangst einsetzen können, werden wir Ihnen in Kapitel 8 zeigen. Dort stellen wir Ihnen das Mentale Training vor. Das Mentale Training ist eine ausgefeilte und doch sehr einfache Technik, die Spitzensportler, Astronauten, Feuerwehrleute und andere Personen anwenden, von denen in Belastungssituationen Höchstleistungen gefordert werden. In Kapitel 9 helfen wir Ihnen dabei, alte traumatische Prüfungserfahrungen, die Ihnen vielleicht immer wieder in den Sinn kommen und Angst auslösen, zu entschärfen und zu verarbeiten.

Im nächsten Kapitel wollen wir uns nun anschauen, wie Sie die Erkenntnis, dass Ihre ängstlichen Gedanken Ihre Prüfungsangst hervorrufen, praktisch verwerten können.

4
Das ABC der Gefühle und seine Anwendung

Sie wissen nun, dass die Ursache Ihrer Prüfungsangst in der Art und Weise liegt, wie Sie über die Prüfung denken und welche Phantasien Sie sich darüber machen. Schön und gut. Aber wie geht es nun weiter? Der nächste Schritt besteht nun darin, dass Sie herausfinden, welche ängstlichen Gedanken genau es sind, die Ihr Wohlbefinden so empfindlich stören. Zu diesem Zwecke gehen Sie am besten nach dem ABC Schema vor, das wir Ihnen im letzten Kapitel vorgestellt haben.

Schritt 1
Welches ist die Situation, vor der Sie Angst haben? Da es um Prüfungen geht, ist die Situation (A) in der Regel die Prüfung selbst. Aber wie im Beispiel von Frau B., das wir unten anführen, könnte hier natürlich auch eine Situation vor der Prüfung stehen, also etwa, dass Sie zum Lernen auf die Prüfung am Schreibtisch über Ihren Büchern sitzen.

Als Nächstes fragen Sie sich, wovor Sie Angst haben. Sie versuchen also Ihre ängstlichen Gedanken (B) zu entlarven. Notieren Sie sich alle Gedanken, die Ihnen in den Sinn kommen. Dies können einzelne Worte oder ganze Sätze sein. Ja, vielleicht kommt Ihnen auch nur ein Bild in den Sinn. Schreiben Sie alles auf, was Ihnen beim Gedanken an die Prüfung durch den Kopf geht. Machen Sie quasi ein Protokoll Ihrer Gedanken.

Schließlich notieren Sie sich, wie Sie sich bei dem Gedanken an die Prüfung seelisch und körperlich fühlen und verhalten (C). Hier werden Sie in der Regel „habe Angst, bin nervös, habe flaues Gefühl im Magen" oder Ähnliches stehen haben.

Das ABC von Frau B. sah so aus:
A: Situation: Ich sitze vor meinen Büchern am Schreibtisch.
B: Bewertung: Es hat gar keinen Wert, etwas zu lernen. Ich bin eh

schon viel zu weit zurück im Stoff, um das aufzuholen. Ich falle sowieso durch und dann ist alles aus.

C: Gefühl, körperliche Reaktion, Verhalten: Resignation, Unruhe, lege die Bücher weg

Das ABC von Herrn A., der vor einem Vorstellungsgespräch stand, sah wie folgt aus:

A: Situation: Ich bewerbe mich bei Firma H.

B: Bewertung: Bestimmt bekomme ich eine Absage. Jeder hält mich dann für unfähig. Ich bin ein Versager.

C: Gefühl, körperliche Reaktion, Verhalten: Panik, Depression, gehe nicht zum Vorstellungsgespräch

Machen Sie das ABC für die Situationen, vor denen Sie sich Angst machen, schriftlich. Wir sagen das nicht, um Ihnen zusätzliche Arbeit zu machen. Es hat sich jedoch gezeigt, dass man mehr profitiert, wenn man etwas schwarz auf weiß hat. Ein manches Mal zwingen wir uns dadurch auch, unsere Katastrophengedanken zu Ende zu denken. Da wir nicht trainiert sind, auf unsere Gedanken zu achten, kommen Sie vielleicht nicht sofort auf Ihre negativen Gedanken. Sie haben den Eindruck, an gar nichts zu denken und einfach nur Angst zu fühlen. In diesem Fall können Sie sich Anregungen in Kapitel 6 holen.

Nehmen wir an, Sie haben ein solches ABC schriftlich (!) gemacht. Was fangen Sie jetzt damit an? Nun heißt es, die Spreu vom Weizen zu trennen. Es geht also darum, dass Sie die Gedanken entlarven, die Ihnen Bauchschmerzen und Angst machen (wir nennen solche Gedanken „irrationale Gedanken"), und dass Sie hilfreiche Gedanken finden, die es Ihnen ermöglichen, gelassener und ruhiger zu werden.

Bei der Entscheidung, ob ein Gedanke irrational oder hilfreich ist, können Ihnen zwei einfache Fragen helfen:
1. Entspricht mein Gedanke den Tatsachen? Diese Frage soll Ihnen bewusst machen, ob Sie sich etwas einreden, was übertrieben negativ (nicht den Tatsachen entsprechend) ist oder was Sie gar nicht wissen können. Übertrieben negativ ist beispielsweise der Gedanke „Bestimmt kriege ich kein Wort in der Prüfung heraus". Übertrieben negativ ist dieser Gedanke deshalb, weil es mehr als unwahrscheinlich ist, dass Sie überhaupt kein Wort herausbringen.

Der Gedanke entspricht also nicht den Tatsachen. Außerdem reden Sie sich etwas ein, das Sie überhaupt nicht wissen können. Sie tun nämlich so, als könnten Sie in die Zukunft schauen und wüssten, wie die Prüfung ablaufen wird. Das ist natürlich Unsinn. Da unser Gehirn nicht überprüft, ob das, was wir uns erzählen, mit der Wirklichkeit übereinstimmt, müssen wir eine bewusste Kontrolle einbauen.

Die nächste Frage, die uns bei der Entscheidung hilft, ob ein Gedanke irrational oder hilfreich ist, lautet:
2. Hilft mir der Gedanke, mich so zu fühlen und verhalten, wie ich es möchte? Diese Frage macht uns bewusst, dass unsere Gefühle das Produkt unserer Gedanken sind und wir uns ängstlich fühlen müssen, wenn wir uns ängstliche Gedanken machen. Hilft Ihnen der Gedanke „Bestimmt kriege ich in der Prüfung kein Wort heraus", sich ruhig und gelassen zu fühlen? Nein. Bei diesem Gedanken geraten Sie in Panik, richtig?

In diesen beiden Fragen geht es nur darum, Ihre Gedanken daraufhin zu überprüfen, ob sie irrational oder hilfreich sind. Haben Sie das getan, was ist dann wohl der nächste Schritt? Richtig. Sie müssen sich hilfreiche Gedanken formulieren, die Sie an die Stelle der irrationalen Gedanken setzen können. Es ist unmöglich, nichts zu denken. Wir denken immer an etwas, die Frage ist nur, woran und ob uns diese Gedanken helfen oder beeinträchtigen.

Deshalb müssen wir nun hilfreiche Gedanken für uns formulieren, die zweierlei erfüllen müssen:
1. Sie müssen den Tatsachen entsprechen.
2. Sie müssen uns helfen, uns so zu fühlen und zu verhalten, wie wir es möchten.

Wir wollen keine rosarote Brille aufsetzen und an die Stelle der als irrational erkannten Gedanken andere setzen, die genauso irrational sind. Beispielsweise wäre es irrational, zu sagen: „Bestimmt bestehe ich die Prüfung", „Bestimmt weiß ich alles", „Bestimmt bin ich besser wie alle Mitbewerber". Diese positiven Gedanken sind genauso wenig hilfreich wie die übertrieben negativen Katastrophengedanken und Katastrophen-Phantasien.

Schauen wir uns an, wie Frau B., deren ABC wir Ihnen oben

27

vorgestellt haben, Ihre Gedanken anhand der beiden Fragen überprüft und korrigiert hat.

Es hat gar keinen Wert, etwas zu lernen. Ich bin eh schon viel zu weit zurück im Stoff, um das aufzuholen. Ich falle sowieso durch und dann ist alles aus.

1. Entspricht es den Tatsachen, dass es keinen Wert hat, etwas zu lernen, weil ich es nicht aufholen kann?

Nein, jedes Wort, das ich lerne, macht mich kompetenter. Ich weiß nicht, ob ich es noch aufholen kann. Ich kann mich daran setzen und daran arbeiten.

Entspricht es den Tatsachen, dass ich durchfallen werde und dass dann alles aus ist?

Nein, ich weiß nicht, ob ich durchfallen werde. Wenn ich es mir jedoch erzähle, schaffe ich es sicher nicht, mich zum Arbeiten zu motivieren. Selbst wenn ich durchfallen sollte, ist nicht alles aus. Ich kann die Prüfung wiederholen.

2. Hilft mir der Gedanke, mich ruhig zu fühlen und gezielt auf die Prüfung vorzubereiten?

Nein, wenn ich so denke, werde ich mutlos und arbeite überhaupt nichts mehr. Stattdessen mache ich mir jetzt einen genauen Plan, wie ich die verbleibende Zeit gut nutzen kann. Ich tue mein Bestes, mich in dieser Zeit vorzubereiten.

Sie sehen: Die Gedanken von Frau B. entsprechen weder den Tatsachen, noch helfen sie ihr, gelassen zu bleiben und sich auf die Prüfung vorzubereiten. Es sind also irrationale Gedanken. Da wir wissen, dass es für Sie vermutlich nicht einfach ist, hilfreiche Gedanken zu formulieren, haben wir in Kap. 6 die häufigsten negativen Gedanken im Zusammenhang mit der Prüfungsangst aufgeführt und Ihnen Vorschläge für hilfreiche Gedanken gemacht.

Nun heißt es üben, üben und nochmals üben

Nehmen wir an, Sie haben Ihre irrationalen und Angst auslösenden

Gedanken entlarvt und haben sich hilfreiche Gedanken zurecht-gelegt. Was nun?

Nun geht es um die Einübung Ihrer neuen und als hilfreich erkannten Gedanken. Im Widerstreit befinden sich Ihre irrationalen Gedanken, die Ihnen den Angstschweiß auf die Stirn treiben und Ihre neuen hilfreichen Gedanken, die Sie zum Arbeiten motivieren und in die Lage versetzen, ruhiger und gelassener zu werden.

Jetzt müssen Sie immer dann, wenn Ihre irrationalen Gedanken auftauchen, Ihre hilfreichen Gedanken dagegensetzen. Dabei werden Sie eine sehr verwirrende Erfahrung machen, auf die wir im nächsten Kapitel noch ausführlich zu sprechen kommen: Sie werden das Gefühl haben, als redeten Sie sich etwas ein, als würden Sie sich etwas vormachen.

Wir erwarten nicht, dass Sie gleich zu Beginn von der Richtigkeit Ihrer hilfreichen Gedanken überzeugt sind - und Sie sollten auch nicht damit rechnen. Das wäre auch völlig unmöglich, weil Ihr Gehirn und Ihr Körper Zeit brauchen, um die neuen Informationen zu „verdauen". Aber wir können Ihnen eine Garantie geben: Wenn Sie die neuen hilfreichen Gedanken immer wieder wiederholen und immer dann einsetzen, wenn sich Ihre alten Gedanken melden, werden sich Ihre hilfreichen Gedanken mit der Zeit durchsetzen, und Sie werden sie irgendwann auch verinnerlicht haben. Sie kommen Ihnen dann genauso natürlich und normal vor wie Ihre einstmals irrationalen Gedanken. Ihr Gehirn hat keine andere Wahl. Es setzt das um, was es am häufigsten von Ihnen zu hören bekommt.

Nutzen Sie bitte all das, was Sie bisher erfahren haben, nicht dazu, sich noch mehr unter Druck zu setzen, wie Frau R., eine unserer Klientinnen. Nachdem sie erfahren hatte, dass sie ihre Angst selbst durch ihre Gedanken erzeugt, machte sie sich jedes Mal, wenn ihre negativen Gedanken auftauchten, Vorwürfe: „Ich sollte schon längst darüber hinweg sein. Ich darf doch nicht negativ denken!"

Frau R. hat dabei übersehen, dass ihre Einsicht nicht genügt, um automatisch die irrationalen Gedanken auszulöschen. Ihre irra-tionalen Gedanken werden sich anfangs an manchen Tagen hunderte von Malen melden. Sie haben dann nur die Wahl, ob Sie a) sich dafür verurteilen, dass sie auftauchen, und sich noch mehr unter Druck setzen und Angst machen, oder ob Sie b) sie zur Kenntnis nehmen und die hilfreichen Gedanken dagegensetzen. Nur wenn Sie den zweiten Weg wählen, werden Sie langfristig Ihre Prüfungsangst abbauen können.

Hüten Sie sich vor übertriebenen Erwartungen

Ihre Angst vor Prüfungen ist hartnäckig. Deshalb wird sie auch nur langsam einer Gelassenheit weichen. Vermeiden Sie Selbstverurteilungen wie etwa: „Ich sollte keine Angst mehr haben."

Das ist ein irrationaler Gedanke, da er nicht den Tatsachen entspricht. Tatsache ist nämlich: Sie sollten Ihre Angst verspüren, wenn Sie diese verspüren. Wissen Sie auch warum? Solange Ihre irrationalen Gedanken Ihr Denken beherrschen und Ihre hilfreichen Gedanken noch nicht ein fester Bestandteil Ihres Denkens geworden sind, ist es absolut unmöglich, dass Sie angstfrei sind.

Ihre Angst wird so lange auftauchen, bis das neue Programm (Ihre hilfreichen Gedanken) stärker ist als das alte (Ihre irrationalen Gedanken). Sagen Sie sich: „Meine ängstlichen Gedanken sind im Moment noch stärker als meine hilfreichen Gedanken. Deshalb verspüre ich auch noch meine Angst wie eh und je. Ich werde jedoch weiterüben und über kurz oder lang werden meine hilfreichen Gedanken die Oberhand gewinnen. Dann werde ich ruhiger und gelassener sein."

Das nächste Kapitel ist außerordentlich wichtig für Sie. In ihm wollen wir Ihnen zeigen, wie der Prozess der Selbstveränderung vor sich geht, und mit welchen Hinterhalten und Tücken Sie rechnen müssen, wenn Sie Ihre irrationalen Gedanken in die Wüste schicken wollen.

5
Umdenken lernen
Was Sie dabei beachten müssen

Aus dem vorangegangenen Kapitel wissen Sie, dass die Ursache für Ihre Prüfungsangst in Ihrem ängstlichen Denken und in Ihrer Phantasie liegt. Sie wissen, dass es Ihre ängstlichen Gedanken sind, mit denen Sie sich blockieren und die Ihnen das ganze körperliche Unwohlsein bereiten.

Wenn Sie die Denkblockaden, das Brett vorm Kopf und all die körperlichen Begleiterscheinungen der Angst vermeiden oder auf ein vernünftiges Maß reduzieren wollen, müssen Sie folglich lernen, anders über die Prüfung zu denken. Sie müssen lernen umzudenken. Dieser Prozess des Umlernens umfasst 5 Stufen.

Die erste Stufe: Theoretische Einsicht
Dies ist die einfachste Stufe. Sie sehen ein oder wissen, dass Sie sich durch bestimmte ängstliche Gedanken in Angst und Panik versetzen. Sie wissen auch, durch welche hilfreichen Gedanken Sie Ihre ängstlichen Gedanken ersetzen können, so dass Sie gelassener in die Prüfung gehen können. Theoretisch ist Ihnen also alles klar.

Schauen wir uns noch einmal die Gedanken von Herrn M. aus Kapitel 3 an. Herr M. dachte: „Bestimmt kriege ich kein Wort heraus. Wenn ich durchfalle, ist alles aus. Das wäre eine Katastrophe. Das könnte ich nicht ertragen."

Herr M. weiß nun, dass seine ängstlichen Gedanken zwangsläufig dazu führen müssen, dass er panische Angst hat, und dass es für ihn unmöglich ist, mit solch negativen Gedanken gelassen in die Prüfung zu gehen. Also hat er sich überlegt, wie er stattdessen über die bevorstehende Prüfung denken könnte, welche Gedanken ihm helfen könnten, weniger aufgeregt zu sein. Eine Möglichkeit wäre, dass er sich die Gedanken von Herrn K. zu eigen machte, der nicht unter Prüfungsangst litt. Diese waren:

„Ich habe mich gut vorbereitet. Ich lasse die Prüfung auf mich zukommen. Selbst wenn ich einen Augenblick blockiert sein sollte und mein Kopf scheinbar leer wäre, ist das keine Katastrophe. Prüfer sind auch Menschen und haben dafür Verständnis. Ich wäre nicht der erste, dem so etwas passierte. Meine Denkblockade wird sich nach kurzer Zeit wieder auflösen, wenn ich ein paar Mal tief durchatme und mich kurz entspanne. Wenn ich die Prüfung nicht bestehe, wäre das zwar unangenehm, aber kein Weltuntergang. Dann wiederhole ich die Prüfung eben."

Herr M. kennt also seine Angst auslösenden Gedanken und weiß, welche Gedanken, nämlich die von Herrn K., ihm helfen könnten, ruhiger und gelassener in die Prüfung zu gehen. Dies ist die 1. Stufe.

2. Stufe: Übung
In dieser Stufe geht es nun darum, dass Herr M. seine neuen und als hilfreich erkannten Gedanken einübt. Konkret bedeutet das, dass er sich die Gedanken von Herrn K. immer wieder vorsagt. Wenn er dies tut, dann kommt er sofort in die 3. Stufe, die ihre Tücken hat, und an der das ganze Umdenken scheitern kann.

3. Stufe: Widerspruch zwischen Kopf und Bauch
Wenn Herr M. sich die hilfreichen Gedanken von Herrn K. vorsagt, wird er das Gefühl haben, sich etwas einzureden, sich etwas in die Tasche zu lügen oder sich selbst zu betrügen. Er verspürt immer noch die gleiche Angst und hat immer noch das Gefühl, es käme einem Weltuntergang nahe, wenn er durchfiele, und im selben Atemzug redet er sich ein, dass es kein Weltuntergang ist, durchzufallen.

Zugegeben, eine vertrackte, aber unvermeidliche Situation, wenn Sie lernen möchten, Ihre Prüfungsängste abzulegen. Um diesen Konflikt zwischen Kopf und Bauch kommen Sie nicht herum, wenn Sie Ihre schädlichen Einstellungen ändern, sprich, wenn Sie lernen möchten, umzudenken. Durch diese Stufe müssen Sie durch, mit diesem Konflikt müssen Sie eine gewisse Zeit leben. Wenn Sie das tun, kommen Sie in die vierte Stufe.

Wenn Klienten in der Therapie auf dieser Stufe des Umlernens sind, verwenden wir viel Zeit darauf, mit ihnen über diesen Konflikt zu sprechen. Viele Menschen meinen nämlich, es sei unsinnig, sich etwas einzureden, das man gefühlsmäßig ablehne oder dem man gefühlsmäßig nicht zustimmen kann. Sie wollen damit ausdrücken, dass man nur solche Dinge annehmen kann und soll, denen man innerlich zustimmt. Auf seinen Verstand zu hören, sei kopflastig. Wenn Sie auch dieser Meinung sind, lassen Sie sich einmal folgende Überlegung durch den Kopf gehen.

Sind Sie schon einmal in England Auto gefahren? Wenn ja, dann haben Sie am eigenen Leib erfahren, was es heißt, umzudenken. Wenn Sie in England links fahren, dann werden Sie die ersten Kilometer das ungute Gefühl nicht los, dass Sie sich auf der falschen Straßenseite befinden. Vom Verstand her wissen Sie jedoch genau, dass es vollkommen richtig, ja geradezu lebenserhaltend ist, wenn Sie links fahren. Kopf und Bauch gehen also auseinander. Wenn Sie in England, ohne sich oder andere zu gefährden, Auto fahren wollten, dann müssten Sie auf Ihren Verstand hören, der Ihnen sagt, dass es richtig ist, links zu fahren, und Sie müssten Ihr Gefühl ignorieren, das Ihnen sagt: „Fahr rechts, du bist falsch." Niemand käme hier auf die Idee, zu sagen, es sei kopflastig oder unsinnig, auf seinen Verstand zu hören. Im Gegenteil.

In bestimmten Situationen ist es sehr klug, auf seinen Verstand zu hören und sein Gefühl nicht zu beachten. Das Rechtsfahren ist eine Gewohnheit. Sie kann nur abgelegt und durch eine neue (das Linksfahren) ersetzt werden, wenn man sie bewusst verändert und dabei in Kauf nimmt, dass man die erste Zeit ein ungutes Gefühl dabei hat.

So verhält es sich auch mit der Gewohnheit, in Prüfungen das große Zittern zu bekommen und vor lauter Aufregung ein Brett vor dem Kopf zu haben. Diese Gewohnheit können Sie nur ablegen, wenn Sie bereit sind, für einige Zeit das Gefühl in Kauf zu nehmen, dass Sie sich etwas einreden, dem Sie gefühlsmäßig (noch) nicht zustimmen können.

4. Stufe: Kopf und Bauch stimmen überein
Sie haben es geschafft. Herzlichen Glückwunsch. Sie fühlen sich so, wie Sie denken. Sie haben nicht länger das Gefühl, sich etwas einzureden oder vorzumachen. Sie sagen sich, dass es kein Weltuntergang wäre, durch die Prüfung zu fallen, und gefühlsmäßig

können Sie dem zustimmen. Ihre panische Angst ist verschwunden, Sie sind ruhiger und Ihr Körper ist entspannter. Nun heißt es, noch die letzte Stufe zu erklimmen.

5. Stufe: Neue Gewohnheit

Diese Stufe erreichen Sie, wenn Sie Ihre neuen und hilfreichen Gedanken weitertrainieren, bis sie Ihnen in Fleisch und Blut übergegangen sind.

Jeder Mensch - also auch Sie - muss diese 5 Stufen durchlaufen, wenn er eingefahrene Denk-, Gefühls- und Verhaltensweisen verändern möchte.

Teil II

6
Die wichtigsten Angst auslösenden Gedanken

Solange Sie sich Angst auslösende Gedanken machen, ist es unmöglich, dass Sie ruhiger und gelassener werden. Im Folgenden werden wir Ihnen deshalb die häufigsten Angst auslösenden und blockierenden Gedanken vorstellen und Ihnen alternative hilfreiche Gedanken an die Hand geben. Die Gedanken sind nach den einzelnen Bereichen aufgegliedert, in denen Prüfungsangst entstehen kann:

Angst vor der Prüfungsvorbereitung
Angst vor der Prüfungssituation
Angst vor dem Prüfer
Angst vor beruflichen Nachteilen
Angst vor der Blamage
Angst vor dem erfolgreichen Verlauf einer Prüfung

Gehen Sie beim Lesen am besten so vor, dass Sie sich erst einmal einen Überblick über die aufgeführten Angst auslösenden Gedanken verschaffen. Kreuzen Sie bei diesem Schnelldurchlauf all diejenigen Gedanken an, die Sie auch von sich kennen. Dann, in einem zweiten Durchlauf, schreiben Sie sich die hilfreichen Gedanken der von Ihnen angekreuzten Angst auslösenden Gedanken auf kleine Kärtchen. Lesen Sie die Kärtchen dann täglich durch, um sich die hilfreichen Gedanken einzuprägen.

Es ist jedoch nicht damit getan, dass Sie die Kärtchen einfach überfliegen. Sie wollen sich doch möglichst schnell die hilfreichen Gedanken so aneignen, dass sie Ihnen erlauben, gelassener in die Prüfung zu gehen, oder? Wenn das Ihr Ziel ist, dann müssen Sie sie immer wiederholen - am besten laut und so, als ob Sie schon davon überzeugt seien. Wenn Ihnen einige Formulierungen fremd oder unnatürlich vorkommen, dann formulieren Sie die hilfreichen Einstellungen in Ihren eigenen Worten.

Angst auslösende Gedanken hinsichtlich der Prüfungsvorbereitung

Angst auslösender Gedanke: *Ich hätte schon viel früher mit dem Lernen beginnen sollen. Jetzt reicht mir die Zeit nicht mehr, mich umfassend vorzubereiten.*
Hilfreicher Gedanke: Ich kann mich jetzt entscheiden, ob ich mit dem Lernen beginnen will. Es hilft mir nicht, mich für Fehler in der Vergangenheit zu verurteilen. Jeder Tag, den ich jetzt noch lerne, ist ein Tag, an dem ich mir mehr Wissen aneigne. Ob ich es noch schaffe, kann ich im Moment nicht sagen. Wenn ich das Versäumte nicht mehr aufholen kann, werde ich die Prüfung eben verschieben oder mit den Wissenslücken in die Prüfung gehen. Es gibt Menschen, die trotz Wissenslücken eine Prüfung bestehen. Ich setze mich jetzt sofort hin und lerne, dann werde ich merken, wie weit ich komme, und dann kann ich mich entscheiden.

Angst auslösender Gedanke: *Ich bin zu dumm, den Stoff zu begreifen.*
Hilfreicher Gedanke: Ich bin bis hierher in meiner Ausbildung gekommen. Nur weil ich mich vielleicht schwertue, den Stoff zu lernen, heißt das nicht, dass ich zu dumm dafür bin. Ich brauche einfach etwas länger. Das ist alles. Statt mir einzureden, dass ich zu dumm bin, - wodurch ich es mir nur schwerer mache als nötig - werde ich mich jetzt hinsetzen und mich Stück für Stück, so wie ich es eben schaffe, durch den Prüfungsstoff durcharbeiten.

Eine Geschichte, die Ihnen zu denken geben sollte.

Eine Lehrerin machte einmal ein Experiment, das sehr anschaulich belegt, welche Auswirkungen es hat, wenn man sich für dumm hält. Sie ging in die Klasse und verkündete: „Man hat herausgefunden, dass Menschen mit blauen Augen viel intelligenter sind als Menschen mit braunen Augen." Sie gab den blauäugigen Schülern ein Schild mit der Aufschrift „Blauauge" und den braunäugigen Schülern ein Schild mit der Aufschrift "Braunauge". Was, meinen Sie, passierte? Die blauäugigen Schüler verbesserten sich daraufhin in ihrer Leistung enorm, während die braunäugigen Schüler in ihrer Leistung abfielen. Daraufhin ging sie in die Klasse und verkündete, sie habe sich leider geirrt. Die braunäugigen Schüler seien die intelligenteren und die blauäugigen die weniger intelligenten. Nun fielen die blauäugigen Schüler in ihrer Leistung ab und die braunäugigen verbesserten sich.

Wenn wir an uns zweifeln, dann schöpfen wir unsere Fähigkeiten nicht voll aus.

Angst auslösender Gedanke: *In meinen Kopf geht nichts mehr rein.*
Hilfreicher Gedanke: Mein Kopf ist kein Gefäß, das irgendwann voll ist und dann nichts mehr aufnehmen kann. Mein Gehirn kann unendlich viele Informationen aufnehmen, mehr als jeder Computer auf dieser Welt. Wenn ich im Moment nichts mehr aufnehmen kann, dann liegt das vielleicht daran, dass ich überarbeitet bin und dringend eine Pause brauche. Ich mache deshalb jetzt eine Pause, in der ich völlig abschalte und mich mit etwas ganz anderem beschäftige. Dann beginne ich erneut. Ich kann mir auch überlegen, welche Gedächtnisstrategien ich noch einsetzen kann, um meine Merkfähigkeit zu erhöhen. Wenn ich mir einrede, dass ich nichts mehr behalten kann, blockiere ich mich beim Lernen.

Angst auslösender Gedanke: *Ich kann keine Bücher mehr sehen.*
Aber ich muss doch lernen, sonst bestehe ich die Prüfung nicht.
Hilfreicher Gedanke: Wenn ich ehrlich bin, habe ich keine Lust mehr zu lernen. Das ist ganz normal und deshalb auch nicht tragisch. Jeder hat so eine Phase, wo er durchhängt. Ich gönne mir jetzt eine Verschnaufpause, in der ich wieder Energie tanken kann. Danach geht es umso besser. Eine solche Pause bringt mich nicht ins Hintertreffen. Ich habe mir den Stoff so eingeteilt, dass ich genügend Spielraum habe. Ich kann mir also guten Gewissens eine Verschnaufpause gönnen.

Angst auslösende Gedanken hinsichtlich der Prüfungssituation

Angst auslösender Gedanke: *In der Prüfung kriege ich bestimmt kein Wort heraus. Mir fällt in der Prüfung garantiert nichts ein. Im Vorstellungsgespräch kann ich bestimmt nichts über meine beruflichen Erfahrungen und Qualifikationen erzählen.*
Hilfreicher Gedanke: Ich weiß nicht, ob ich in der Prüfung kein Wort herausbekomme. Selbst wenn ich einen Augenblick blockiert wäre und mein Kopf scheinbar leer wäre, wäre das keine Katastrophe. Prüfer sind auch Menschen und haben dafür Verständnis. Ich wäre nicht der erste Prüfling, dem so etwas passierte.

Ich werde mich gut vorbereiten und ein Entspannungsverfahren lernen, dann kann ich mein Wissen besser abrufen. Es ist unwahrscheinlich, dass mir überhaupt nichts einfällt, wenn ich mich vorbereite. Meine Denkblockade wird sich nach kurzer Zeit wieder auflösen, wenn ich ein paar Mal tief durchatme und mich kurz entspanne (s. Kapitel 9).

Angst auslösender Gedanke: *Ich hätte mehr lernen sollen.*
Hilfreicher Gedanke: Es gibt keinen absoluten Maßstab, was man bis zu einem bestimmten Zeitpunkt während der Prüfungsvorbereitung gelernt haben muss. Außerdem hat jeder, der in eine Prüfung geht, Wissenslücken. Niemand beherrscht den ganzen Stoff zu 100 Prozent. Selbst wenn ich im Vergleich zu anderen in der Vorbereitung zurückliege, hilft es mir jetzt nicht, mich deswegen verrückt zu machen. Ich mache mir stattdessen jetzt einen Plan, welchen Stoff ich mir in der noch verbleibenden Zeit unbedingt aneignen sollte (s. Kapitel 11).

Angst auslösender Gedanke: *Unter Zeitdruck mache ich immer Fehler. Unter Zeitdruck verhaue ich bestimmt den Test.*
Hilfreicher Gedanke: Ich kann nicht in die Zukunft schauen und wissen, ob ich auch dieses Mal unter Zeitdruck Fehler machen werde. Wenn ich mich jedoch mit den Methoden dieses Buches psychologisch gut vorbereite, dann werde ich gelassener in die Prüfung gehen und besser unter Zeitdruck arbeiten können.

Angst auslösender Gedanke: *Ich habe immer Pech bei Prüfungen. Nie wird das gefragt, worauf ich mich vorbereitet habe.*
Hilfreicher Gedanke: Ich weiß nicht, wie es bei der kommenden Prüfung sein wird. Ich bin kein Hellseher. Außerdem übertreibe ich. Auf manche Fragen weiß ich eine Antwort und Pech habe ich auch nur manchmal. Natürlich gibt es keine 100%ige Garantie, dass auch die Themen drankommen, auf die ich mich vorbereitet habe. Aber wer hat die schon? Ich werde mir Informationen darüber verschaffen, welche Themen gewöhnlich in der Prüfung vorkommen, und mich darauf gut vorbereiten. Das ist alles, was ich tun kann.

Angst auslösender Gedanke: *Vor lauter Aufregung werde ich die Fragen nicht verstehen.*
Hilfreicher Gedanke: Ich weiß jetzt, wie ich meine übersteigerte Angst und Nervosität abbauen kann. Deshalb werde ich dieses Mal

auch gelassener in die Prüfung gehen. Außerdem kann ich nachfragen, wenn ich eine Frage nicht verstehe. Das ist kein Beinbruch.

Angst auslösender Gedanke: *Ich darf keine Fehler machen.*
Hilfreicher Gedanke: Ich verlange übermenschliche Fähigkeiten von mir, wenn ich an mich den Anspruch habe, keinen einzigen Fehler machen zu dürfen. Außerdem setze ich mich dadurch so unter Druck, dass ich vor lauter Aufregung und Angst erst recht Fehler mache. Fehler machen ist kein Beinbruch. Deswegen fällt man nicht gleich durch die Prüfung. Ich werde niemals perfekt sein, nicht einmal auf einem einzigen Gebiet, das mir wichtig ist. Ich kann mich lediglich darum bemühen, so wenig Fehler wie möglich zu machen.

Angst auslösender Gedanke: *Es wäre schrecklich, wenn ich vor oder während der Prüfung Angst bekäme. Ich darf keine Angst im Vorstellungsgespräch zeigen.*
Hilfreicher Gedanke: Es ist unangenehm, aber nicht unerträglich, wenn ich Angst bekomme. Ich habe bisher meine Angst aushalten können und werde sie auch in Zukunft aushalten. Es ist natürlich, in Prüfungssituationen Angst zu bekommen. Mit Hilfe der Methoden dieses Buches werde ich meine Angst so weit in den Griff bekommen, dass sie mich nicht lähmt und blockiert.

Angst auslösende Gedanken hinsichtlich des Prüfers

Angst auslösender Gedanke: *Der Prüfer kann über mein ganzes weiteres Leben bestimmen. Er wird mich fertigmachen.*
Hilfreicher Gedanke: Es stimmt nicht, dass der Prüfer über mein gesamtes Leben bestimmen kann, sondern er bestimmt einzig und allein zusammen mit mir darüber, ob ich die Prüfung schaffe. Selbst wenn er mich durch die Prüfung fallen lässt, habe ich weiterhin die Entscheidung darüber, was ich mit meinem Leben mache. Ich kann die Prüfung wiederholen, die Schule wechseln, das Studienfach wechseln, eine andere Ausbildung beginnen. Ich weiß nicht, wie der Prüfer mit mir umgehen wird. Selbst wenn der Prüfer mich nicht leiden kann, kann er mich nicht fertigmachen.

Angst auslösender Gedanke: *Ich bin der Bewerbungskommission ausgeliefert.*

Hilfreicher Gedanke: Die Bewerbungskommission hat die Freiheit, über die Annahme oder Ablehnung meiner Bewerbung zu entscheiden, nicht aber über meine Person. Sie kann entscheiden, ob ich diese Stelle bekomme, aber nicht generell über meinen weiteren Lebensweg und schon gar nicht über meine Gefühle. Ich tue mein Bestes, die Stelle zu bekommen. Falls es nicht klappen sollte, verändert sich mein Wert als Mensch auf keinen Fall.

Angst auslösender Gedanke: *Prüfer sind ungerecht und unfair.*
Hilfreicher Gedanke: Ich kann nicht wissen, wie sich der Prüfer mir gegenüber verhalten wird. Selbst wenn der eine oder andere sagt, er sei unfair, heißt das nicht, dass er so ist. Vielleicht haben sich die, die ihn für ungerecht halten, nicht gut auf die Prüfung vorbereitet, und er hat sie ausgerechnet darüber befragt, was sie nicht wussten, und deshalb behaupten sie, er sei ungerecht. Prüfer müssen ihre Entscheidung so treffen, dass sie nicht anfechtbar ist. Deshalb wird es kaum ein Prüfer wagen, bewusst offensichtliche Fehlentscheidungen zu treffen.

Angst auslösender Gedanke: *Ich bin vollkommen in der Hand des Prüfers.*
Hilfreicher Gedanke: Ich bin dem Prüfer nicht ausgeliefert. Er bestimmt über meine Note, aber nicht über mein Leben. Er ist auch nur ein Mensch. Ich habe durch meine Leistung Einfluss auf seine Bewertung.

Angst auslösende Gedanken hinsichtlich beruflicher Nachteile

Angst auslösender Gedanke: *Wenn ich die Prüfung nicht bestehe, kann ich mein Berufsziel nicht erreichen. Dann ist alles aus.*
Hilfreicher Gedanke: Wenn ich die Prüfung nicht bestehe, habe ich die Möglichkeit, einen zweiten Anlauf zu nehmen. Sollte ich die Prüfung auch dann nicht bestehen, geht mein Leben dennoch weiter. Ich kann eine andere Berufswahl treffen. Das ist zwar nicht angenehm, aber ich kann damit leben. Da ich meinen Berufsweg bis hierher geschafft habe, ist es unwahrscheinlich, dass ich die Prüfung niemals bestehe. Deshalb konzentriere ich mich jetzt auf die optimale Vorbereitung.

Angst auslösender Gedanke: *Wenn ich die Prüfung nicht schaffe, lande ich in der Gosse.*

Hilfreicher Gedanke: Eine nicht bestandene Prüfung bringt mich nicht in die Gosse. Das entscheide ich selbst. Es gibt noch viele andere Möglichkeiten, mein Leben zu gestalten. Andere Menschen, die mein Berufsziel nicht gewählt haben, sind dadurch auch nicht zwangsläufig in der Gosse gelandet.

Angst auslösender Gedanke: *Wenn ich die Stelle nicht bekomme, ist alles aus.*
Hilfreicher Gedanke: Es wäre bedauerlich, wenn ich die Stelle nicht bekommen sollte, aber ich kann damit weiterleben. Bei einer Stellenzusage spielen häufig Faktoren eine Rolle, die ich nicht beeinflussen kann. Ich kann mich um andere Stellen bewerben.

Angst auslösender Gedanke: *Wenn ich die Prüfung nicht mit einer sehr guten Note abschließe, habe ich keinerlei berufliche Perspektive.*
Hilfreicher Gedanke: Es mag sein, dass es schwieriger ist, eine Anstellung zu finden, wenn ich schlecht abschneide. Aber Noten allein entscheiden nicht über eine Anstellung. Der persönliche Eindruck, das Engagement und andere Faktoren spielen auch eine Rolle.

Angst auslösende Gedanken hinsichtlich der möglichen Blamage

Angst auslösender Gedanke: *Alle werden mich für einen Versager halten und mich hinter meinem Rücken auslachen.*
Hilfreicher Gedanke: Ich weiß nicht, was die anderen über mich denken, und wie sie reagieren werden. Es ist möglich, dass der eine oder andere mich für einen Versager halten oder sich über mich lächerlich machen würde. Das wäre dann zwar unangenehm, aber ich könnte es ertragen und damit leben. Ich weiß, dass eine nicht bestandene Prüfung aus niemandem einen Versager machen kann. Alles, was man objektiv sagen könnte, wäre, dass ich eine Prüfung nicht bestanden habe. Außerdem befände ich mich in bester Gesellschaft, wenn ich durch die Prüfung fallen würde. Einstein sollte sogar von der Schule genommen werden, weil er angeblich in Mathematik so schlecht wäre.

Angst auslösender Gedanke: *Meine Eltern werden mir Vorwürfe machen. Sie werden maßlos von mir enttäuscht sein.*
Hilfreicher Gedanke: Ich weiß nicht, wie meine Eltern reagieren werden. Wenn sie mir Vorwürfe machten, wäre das zwar sehr unangenehm, aber ich könnte es ertragen. Wenn ich durch die

Prüfung fallen würde, täte ich das ja nicht absichtlich. Ich gebe mein Bestes, und wenn meine Eltern das nicht sehen, dann kann ich auch nichts machen. Viel wichtiger ist jedoch, dass ich mir dann keine Vorwürfe mache. Auch ich wäre enttäuscht, wenn ich durch die Prüfung fallen würde. Wenn meine Eltern jedoch damit nicht fertig würden, wäre das deren Problem.

Angst auslösender Gedanke: *Wenn ich die Stelle nicht bekomme, werden mich alle für unfähig halten und mir die Freundschaft kündigen.*
Hilfreicher Gedanke: Erstens weiß ich nicht, ob ich die Stelle bekomme oder nicht. Zweitens kann ich auch nicht wissen, was meine Freunde bei einer Absage über mich denken würden, und schon gar nicht, ob sie mir die Freundschaft kündigen würden. Wenn es aber tatsächlich so wäre, kann ich auf Freunde verzichten, die einen verlassen, wenn man sie am meisten braucht. Für mich ist Freundschaft nicht abhängig von einer beruflichen Leistung.

Angst auslösende Gedanken hinsichtlich des eigenen Selbstwertgefühls

Angst auslösender Gedanke: *Wenn ich durchfalle, bin ich ein Versager. Wenn ich eine Absage erhalte, bin ich ein Versager.*
Hilfreicher Gedanke: Das ist eine maßlose Übertreibung. Objektiv betrachtet hätte ich eine Prüfung nicht bestanden. Dies würde jedoch überhaupt nichts über meinen Wert und meine Person aussagen. Es ist ein riesiger Unterschied, ob man von sich sagt, man habe versagt, oder ob man sich einen Versager nennt. Ich hätte dann in einer Situation meines Lebens versagt und nicht mein Ziel verwirklicht. Das wäre nicht das erste Mal in meinem Leben und bestimmt nicht das letzte Mal. Die einzigen Menschen, die nicht versagen, sind tot. Leben heißt Fehler machen. Ich habe Stärken und Schwächen. Ich habe Situationen erlebt, die ich auf Anhieb erfolgreich bewältigt habe, und solche, die ich erst nach mehreren Anläufen gemeistert habe. Ich gebe mein Bestes, das ist alles, was ich tun kann.

Angst auslösender Gedanke: *Gegen meine Mitbewerber habe ich beim Vorstellungsgespräch keine Chance.*
Hilfreicher Gedanke: Ich weiß nichts über die Qualifikation der Mitbewerber, kann also auch nichts darüber sagen, wie ich im

Vergleich dazu abschneiden werde. Wenn ich mich von vornherein so abwerte und kleinmache, vermindere ich meine Chancen auf jeden Fall, weil ich dann im Vorstellungsgespräch angespannt bin. Ich bin so, wie ich bin, und habe das Wissen und die Erfahrungen vorzuweisen, die ich bisher gemacht habe.

Angst auslösender Gedanke: *Ich könnte es mir nicht verzeihen, wenn ich durchfiele. Ich könnte mir nicht mehr in die Augen schauen, wenn ich im Vorstellungsgespräch versagen würde.*
Hilfreicher Gedanke: Ich kann mir jeden Fehler verzeihen, den ich mir verzeihen möchte, oder mir jeden Fehler jahrelang vorwerfen. Es liegt an mir. Ich weiß, dass Fehler menschlich sind. Ich habe mein Bestes gegeben, was ich in der Situation geben konnte. Das ist alles, was ich tun konnte. Statt mir Vorwürfe zu machen, werde ich mir überlegen, was ich das nächste Mal besser machen kann.

Angst auslösende Gedanken hinsichtlich einer erfolgreich verlaufenen Prüfung

Angst auslösender Gedanke: *Wenn ich die Prüfung bestehe, muss ich immer gut sein. Das schaffe ich aber nicht.*
Hilfreicher Gedanke: Ein Prüfungserfolg führt bei niemandem automatisch dazu, dass er in der Zukunft keine Misserfolge und Schwierigkeiten mehr hat. Ich weiß nicht, was in der Zukunft an Erwartungen von anderen auf mich zukommen wird. Ich weiß auch nicht, ob ich die Erwartungen erfüllen kann. Mit Sicherheit weiß ich aber, dass ich darüber entscheide, ob ich mich verurteile oder annehme, wenn ich Fehler mache. Ich werde mir zugestehen, manchmal auch mäßige Leistungen zu erbringen. Für eine gute Leistung werde ich mich loben, eine schlechte werde ich als Herausforderung zu größerer Anstrengung betrachten.

Angst auslösender Gedanke: *Die anderen werden mehr als bisher von mir erwarten und das kann ich nicht erfüllen.*
Hilfreicher Gedanke: Ich weiß weder, ob andere höhere Erwartungen an mich stellen werden, noch, ob ich sie erfüllen kann oder nicht. Es hilft mir nicht, jetzt darüber nachzugrübeln. Ich lasse die Erwartungen auf mich zukommen. Sollte ich sie nicht erfüllen, kann ich damit leben. Jeder Mensch hat das Recht auf Fehler. Ich bin nicht auf der Welt, die Erwartungen der anderen zu erfüllen.

Angst auslösender Gedanke: *Ich weiß nicht, wie es nach der Prüfung weitergehen soll.*
Hilfreicher Gedanke: Immer wenn man ein Ziel erreicht hat, kommt ein Stück Unsicherheit und neues Risiko auf einen zu. Das ist normal. Je mehr ich mich mit meinem weiteren Weg befasse, vielleicht auch andere Menschen dazu befrage, desto klarer werde ich sehen.

Angst auslösender Gedanke: *Wenn sie mich in der neuen Firma nehmen, werden sie Qualifikationen von mir erwarten, die ich nicht vorzuweisen habe.*
Hilfreicher Gedanke: Ich habe das Bewerbungsgespräch erfolgreich für mich gemeistert, worauf die Firma sich für mich entschieden hat. Ich habe im Bewerbungsgespräch die Wahrheit gesagt und meine Fähigkeiten offen gelegt. Jeder Mensch hat Schwächen und ich auch. Wenn sie in der Firma einen perfekten Mitarbeiter erwarten, kann ich das nicht anbieten. Ich bin bereit, meine Fähigkeiten weiterzuentwickeln und mich darum verstärkt zu bemühen, was ich noch nicht kann. Ein neuer Arbeitsplatz erfordert immer eine Einarbeitungszeit. Ich bin bereit, mein Bestes zu geben.

Im nächsten Kapitel möchten wir Sie mit weiteren Möglichkeiten, Ihren negativen Gedanken Einhalt zu gebieten, vertraut machen. Diese Strategien können Sie wahlweise anwenden, um sich von irrationalen Gedanken zu befreien.

7
Gedankliche Strategien zur Überwindung von Prüfungsangst

Sie kennen das ABC der Gefühle, erkennen irrationale Gedanken und wissen, wie Sie diese durch hilfreiche Gedanken ersetzen können. Allein mit diesen Strategien könnten Sie Ihre Prüfungsangst schon ganz schön im Zaum halten. Dennoch möchten wir Ihnen in diesem Kapitel noch weitere Möglichkeiten aufzeigen, wie Sie Ihre ängstlichen Gedanken überwinden können. Sie müssen von diesen Strategien keinen Gebrauch machen. Es sind jedoch einfache Hilfestellungen, die Ihnen helfen können, schneller voranzukommen.

1. Bewältigungstexte
Über die Erarbeitung einzelner neuer Gedanken hinaus können Sie sich auch ein vollständiges Manuskript erstellen, das Sie sich täglich durchlesen und einprägen. Es empfiehlt sich auch hier, die neuen als hilfreich erkannten Gedanken möglichst oft zu wiederholen, denn in Stress-Situationen ruft unser Gehirn die Gedanken ab, die am häufigsten eingesetzt wurden (d.h. Ihr Panikprogramm). Alles, was wir neu lernen, fällt uns in solchen Augenblicken nur schwer ein. Die Devise heißt also: Einprägen, bis Sie es im Schlaf abrufen können.

Bewältigungstext zur Prüfungsvorbereitung
Ich setze mich jetzt an meinen Arbeitsplatz. Ich arbeite ruhig und konzentriert an dem Stoff, den ich mir für heute vorgenommen habe. Ich stelle mir vor, was ich nach erfolgreicher Prüfung alles machen kann. Das hilft mir, meine Motivation zu erhöhen. Sollte ich beim Lernen etwas nicht gleich verstehen, bleibe ich ruhig. Ich habe noch Zeit, überspringe diese Aufgabe und setze mich später noch einmal daran. Sollte ich nicht so schnell vorankommen, wie ich es mir vorgestellt habe, denke ich daran, dass jede Zeile, die ich lerne, zählt. Jede Zeile ist besser als keine Zeile. Wenn Panikgedanken aufkommen, nehme ich sie zur Kenntnis und lasse sie vorüberziehen. Ich bin nicht in Lebensgefahr, gleichgültig was auch immer in der Prüfung geschieht. Ich tue mein Bestes, was mir

möglich ist und was ich im Augenblick für richtig halte. Sollte es sich später als falsch herausstellen, habe ich etwas dazugelernt. Ich habe die Möglichkeit, den Fehler in Zukunft zu vermeiden. Ich brauche mich deshalb nicht zu verurteilen, denn das Fehler-Machen ist menschlich. Wenn ich mit Grübeln beginne, sage ich mir: „Bleib ruhig. Konzentriere dich auf die Aufgabe. Kümmere dich nicht um deine ängstlichen Gedanken. Konzentriere dich auf das, was du gerade machst. Du kannst es schaffen. Du hast es bis hierher geschafft, du kannst auch weiterkommen."

Bewältigungstext für die mündliche Prüfung

Ich habe alles getan, um mich auf die Prüfung vorzubereiten. Ich lasse die Prüfungsfragen auf mich zukommen. Wenn ich Anspannung verspüre, sage ich zu mir: Bleib ruhig und atme ruhig durch. Konzentriere dich auf deinen Atem. Wenn du eine Frage nicht verstanden hast, bitte darum, die Frage noch einmal zu wiederholen. Das ist menschlich, eine Frage nicht zu verstehen. Du kannst dir Zeit zum Nachdenken lassen. Wenn du eine Frage nicht beantworten kannst, ist das kein Grund zur Panik. Der Prüfer wird weitere Fragen stellen. Du musst nicht alles wissen. Dir kann nichts passieren, du bist nicht in Lebensgefahr. Das Schlimmste, was passieren kann, ist, dass du die Prüfung nicht bestehst. Du hast dennoch dein Bestes gegeben, was dir möglich war. Du wirst eine neue Chance haben.

Bewältigungstext für die schriftliche Prüfung

Ich habe alles getan, mich auf die Prüfung vorzubereiten. Ich setze mich auf meinen Platz und beginne, mir ruhig die Aufgaben durchzulesen. Wenn ich Anspannung verspüre, sage ich mir: „Bleib ruhig und gelassen. Atme langsam und tief. Verschaffe dir zuerst einen Überblick über alle Aufgaben. Dann wähle die aus, bei der du dich sicher fühlst. Wenn du sie gelöst hast, prüfe sie noch einmal auf Flüchtigkeitsfehler. Gib dir ein dickes Lob. Dann gehe zur nächsten Aufgabe. Kommst du bei einer Aufgabe nicht weiter, stelle sie hintenan. Du kannst später darauf zurückkommen. Atme ruhig und entspanne dich immer einmal wieder kurz. Dir kann nichts passieren. Du bist nicht in Lebensgefahr. Du bist in Ordnung, gleichgültig wie die Prüfung ausgeht."

Bewältigungstext für ein Vorstellungsgespräch

Ich habe alle Bedingungen erfüllt, um zum Bewerbungsgespräch eingeladen zu werden. Die Firma hat Interesse an mir. Ich gehe jetzt in das Bewerbungszimmer. Ich darf dabei ein wenig Anspannung verspüren, denn die Situation ist neu für mich. Sollte die Anspannung größer werden, sage ich zu mir: „Bleib ruhig und atme tief und langsam. Dir kann nichts passieren. Du bist in Ordnung, gleichgültig wie das Bewerbungsgespräch ausgeht. Es ist eines von vielen Bewerbungsgesprächen, die du haben kannst. Du hast eine Menge Stärken und Qualifikationen, die du anbieten kannst. Sollte die Firma sich diese nicht zunutze machen wollen, ist das bedauerlich, aber keine Katastrophe. Du wirst noch mehr Chancen haben. Wenn du eine Frage nicht verstehst, frage nach. Das ist in Ordnung. Du musst nicht perfekt sein. Wenn du willst, sprich an, dass du aufgeregt bist. Das ist menschlich. Du bist o.k., wie du bist. Dir kann nichts passieren."

Für manche unserer Klienten ist es hilfreich, das für sie passende Bewältigungsskript auf Kärtchen zu schreiben, die sie bei sich tragen und immer wieder durchlesen. Ziel ist es, diese Gedanken möglichst schnell zu seinem geistigen Eigentum zu machen.

2. Autosuggestionen

Autosuggestionen sind positive Gedanken, die Sie sich immer wieder vorsagen, bis Sie auch gefühlsmäßig von ihrer Richtigkeit überzeugt sind. Wir haben Ihnen einige Suggestionsformeln zum Thema Prüfungsvorbereitung und Prüfungssituation zusammengestellt. Wählen Sie sich ein bis zwei Formeln aus, die Ihnen besonders gut gefallen, und wiederholen Sie diese 100 Mal am Tag. Sie können hierzu jede Gelegenheit benutzen: beim Zähneputzen, Warten in der Schlange vor der Kasse, in der Badewanne, an der Ampel, usw.

Autosuggestionen

• Es ist belohnend und auch aufregend, die Dinge zu erreichen, die mir wichtig sind. Ich bin bereit, für jedes Ziel, das mir wirklich etwas bedeutet, auch den Preis zu zahlen.
• Mein Erfolg steht nicht nur am Ende meiner Reise. Ich erlebe ihn jeden Tag bei allem, was ich tue. Ich genieße es, Tag für Tag auf meine Ziele hinzuarbeiten. Ich genieße es, meine Ziele zu erreichen.
• Ich besitze alle Eigenschaften, die nötig sind, um mein Leben so gut wie möglich zu leben. Ich lasse sie für mich arbeiten. Ich habe

das Ziel klar vor Augen. Ich habe den Plan und ich folge ihm. Ich habe die Energie, so hart wie nötig zu arbeiten, um ans Ziel zu kommen.

- Ich werde täglich aufmerksamer, setze meinen Geist immer wirkungsvoller ein und verfolge meine Ziele.
- Ich weiß, dass das, was andere als Misserfolg bezeichnen, nichts anderes als eine Gelegenheit für mich ist, zu lernen, zu wachsen und meine Erfolge zu erreichen.
- Ich bin ein erfolgreicher Mensch. Ich weiß, dass jeder mögliche Misserfolg ein notwendiger Bestandteil dieses Erfolges ist.
- Ich verdiene es, in meinem Leben Erfolg zu haben.

3. Gedankenkontrolle

Wenn Angst erzeugende Gedanken zwanghaft immer wieder auftreten, gibt es neben der Überprüfung und Korrektur der Gedanken noch die folgenden Möglichkeiten:

Zählen Sie automatische Gedanken.

Eine Strategie, zwar negative Gedanken zu haben, diese aber nicht so stark wirken zu lassen, sondern sich davon zu distanzieren, ist die Methode, sie zu zählen. Wir begeben uns sozusagen in die Beobachterrolle und zählen unsere Gedanken. Das können wir in Form von Strichlisten machen, oder indem wir beispielsweise für jeden Gedanken einen Pfennig oder Knopf in eine Schachtel legen. Wann wir zählen, ist abhängig von der Art unserer Angst. Neigen wir zum Grübeln und Sorgenmachen, ist es sinnvoll, sich eine Stunde am Tag auszuwählen, in der wir unsere negativen Gedanken zählen. Ziel ist es, sich eine Haltung zuzulegen: „Na komm schon, du alter Saboteur, du bist entlarvt. Ich werde mitzählen, wie häufig du mir heute wieder Katastrophen ankündigst, die es gar nicht gibt. Du kannst ruhig kommen, ich gebe dir die Erlaubnis, aber du wirst mich dieses Mal nicht lähmen. Ich mache lediglich eine Bestandsaufnahme von dir."

Unterbrechen Sie Ihre Gedanken durch Gedankenstopp.

Eine Möglichkeit, Ihr Gedankenkarussell anzuhalten, ist der Gedankenstopp. Wir haben für Sie zwei Gedankenstopp-Varianten.

1. Gedankenstopp-Variante

Rufen Sie sich, sobald Sie sich beim Gedanken oder bei der

Vorstellung der Prüfungssituation ertappen, innerlich <Stopp> zu. Wenn Sie allein sind, können Sie <Stopp> auch laut ausrufen und dabei in die Hände klatschen. Dann lenken Sie Ihre Aufmerksamkeit auf neutrale oder angenehme Bilder. Dies kann eine Szene aus dem Urlaub oder das Streicheln der Katze oder sonst etwas sein, wobei Sie sich richtig wohl fühlen. Versuchen Sie, möglichst zu spüren, wie wohl Sie sich fühlen, zu sehen, was Sie begeistert, und zu hören, was in der schönen Szene zu hören ist. Sie sehen, hören, spüren, riechen, schmecken, was Sie in der wohltuenden Situation erleben. Je mehr Sinnesebenen Sie ansprechen, umso deutlicher spüren Sie die Entspannung und das Wohlgefühl - und umso leichter schaffen Sie es, sich von den Gedanken an die Prüfungssituation zu distanzieren.

Nochmals den genauen Ablauf: Unterbrechen Sie **sobald und jedes Mal**, wenn die negative Vorstellung auftaucht, durch Gedankenstopp und lenken Sie Ihre Aufmerksamkeit auf etwas Angenehmes oder Neutrales. Sie können den Gedankenstopp auch mit einer körperlichen Aktivität verknüpfen oder eine Entspannungsübung (s. Kapitel 10) daran anschließen.

2. Gedankenstopp-Variante

Wann immer Sie an die Prüfungssituation denken, unterbrechen Sie diese Vorstellung und stellen Sie sich ein Stoppschild vor, auf dem das Wort STOPP in Großbuchstaben zu lesen ist. Dann malen Sie sich aus, wie Sie rückwärts vom Stoppschild weglaufen, bis Sie ca. 6 Meter von ihm entfernt sind. Während des Entfernens werden die Buchstaben des Stoppschildes immer kleiner. Dann laufen Sie wieder auf das Stoppschild zu, bis Sie quasi mit Ihrer Nase das Stoppschild berühren. Sie können nur noch ganz verschwommen das Weiß erkennen, einzelne Buchstaben nicht mehr. Dann gehen Sie wieder rückwärts, bis Sie das Stoppschild gut und deutlich lesen können. Sagen Sie laut und deutlich Stopp. Stellen Sie sich dann, immer wenn Sie Ihr Gedankenkarussell unterbrochen haben, etwas Schönes vor, beispielsweise einen Spaziergang am Strand, Kuscheln am Kamin, Barfußlaufen im Morgentau. Sehen Sie die Situation ganz lebendig vor Augen und erinnern Sie sich, was Sie auf Ihrer Haut fühlen und welche Geräusche Sie hören. Je mehr Sinneseindrücke Sie in sich wachrufen, umso weiter weg kommen Sie von Ihrem Gedankenkarussell und umso besser fühlen Sie sich.

Die Wirkung dieser Variante der Gedanken-Stopp-Übung beruht darauf, dass Sie sich nicht gleichzeitig Bilder vom Stoppschild und von der Prüfungssituation vorstellen können.

Sie können den Gedankenstopp natürlich auch in anderen Zusammenhängen einsetzen - z.b. wenn Sie sich Ihr Versagen in einer Situation bildlich ausmalen, wie Sie stottern oder vor einem leeren Blatt sitzen, alle anderen höhnisch grinsen, usw.

Seien Sie sich bewusst, häufig gelingt es, die negativen Gedanken nur einige Minuten zu unterbrechen, und dann tauchen sie wieder auf. Das macht nichts. Im schlimmsten Fall führen Sie ein ständiges Zwiegespräch zwischen Katastrophengedanken und neutralen Gedanken. Wenn Sie den Katastrophengedanken Raum in Ihrem Kopf einräumen, wird Ihre Angst stärker werden. Sie können im Augenblick nicht verhindern, dass der Saboteur kommt, aber Sie können kontrollieren, wie lange er bleibt. Jede Sekunde, Minute, Stunde, die es Ihnen gelingt, neutrale Gedanken zu haben, entfernen Sie sich mehr von Ihrer Angst.

Fortschritte, Rückschläge, auf der Stelle treten

Fortschritte
Wenn Sie beginnen, an Ihrer Prüfungsangst zu arbeiten, ist es ganz wichtig, genau zu erkennen, wann Sie Fortschritte machen. Selbst hier kommt es auf die Bewertung an. Wenn Sie Fortschritte nicht als solche erkennen oder gar als Rückschläge deuten, fühlen Sie sich so, als ob Sie keinen Fortschritt machen würden, und geben vielleicht enttäuscht auf. Deshalb Augen auf. So sieht der Fortschritt aus:

1. Ursache und Wirkung
Es ist ein Fortschritt, wenn Sie erkennen, warum Sie Prüfungsangst haben, d.h. Sie kennen Ihre Angst auslösenden Gedanken und Katastrophenphantasien.

2. Dauer
Ihre Angstattacke bleibt nicht mehr so lange bestehen wie früher. Sie klingt schneller wieder ab.

3. Intensität
Ihre Angstattacken sind nicht mehr so stark. Sie werden in Ihrer

Prüfungsvorbereitung, in der Prüfung oder während des Vorstellungsgespräches nicht mehr so stark von ihnen beeinträchtigt.

4. Häufigkeit

Ihre Angstattacken treten nicht mehr so häufig auf wie früher.

5. Diskussion zwischen Saboteur und neuer Einstellung

Ihre alten negativen Angst auslösenden Gedanken liegen im Widerstreit mit neuen hilfreichen Einstellungen.

6. andere Reaktion auf die Angst

Sie haben gelernt, beim Auftauchen von Angst nicht in Panik zu geraten. Sie nehmen sie zur Kenntnis und setzen eine Entspannungs- und Atemtechnik ein.

Rückschläge

Es wird Rückschläge geben. Das bedeutet nicht, dass Sie Ihrer Angst ausgeliefert sind. Wie bei der Veränderung aller Gewohnheiten gibt es auch bei der Veränderung der Gewohnheit, mit Prüfungsangst zu reagieren, Rückfälle. Sie wissen dann jedoch, wie man besser damit umgeht. Setzen Sie alle Strategien ein, die Sie in diesem Buch erfahren, und Sie werden siegen.

Sie kennen nun Möglichkeiten, wie Sie Ihre Angst auslösenden Gedanken unter Kontrolle bringen können. Jetzt wollen wir Ihnen Methoden vorstellen, die Ihnen helfen werden, Ihre lebhafte Phantasie so in Bahnen zu lenken, dass Sie gelassener in die Prüfung gehen können. Ferner wollen wir Sie mit Möglichkeiten der Entspannung bekannt machen, die Ihre körperliche Erregung lindern können.

8
Mentales Training

Wir haben in Kapitel 3 über den Einfluss von Vorstellungsbildern und Phantasien auf unser seelisches und körperliches Befinden gesprochen. Demnach können wir die Fähigkeit, uns im Geiste in mögliche, zukünftige und vergangene Situationen hineinzuversetzen, sowohl zu unserem Vorteil, als auch zu unserem Nachteil nutzen. Malen wir uns Katastrophen aus, vergeuden wir unsere Energie und Kraft. Malen wir uns die erfolgreiche Bewältigung einer Situation aus, werden wir motiviert und bekommen Energie. Wir nehmen an, dass Sie gerne mehr Energien haben und sich für den Einsatz von hilfreichen Vorstellungsbildern entscheiden möchten, oder? Mit zwei Arten von gezielten Vorstellungsübungen möchten wir Sie deshalb hier bekanntmachen.

Die positive Vorstellung
Hierzu bringen Sie sich zunächst in einen entspannten Zustand mit einer der Atem- oder Entspannungsstrategien, die wir Ihnen in Kapitel 10 vorstellen. Dann stellen Sie sich vor, wie Sie in der Prüfungssituation genauso denken, fühlen und sich verhalten, wie Sie es möchten. Die Prüfung verläuft genauso, wie Sie es wirklich möchten. Stellen Sie sich also möglichst lebendig die Situation, Ihre Aufgabe, die anwesenden Personen, etc. vor. Machen Sie sich aufmunternde und Selbstvertrauen einflößende Gedanken der Art: „Bleib ruhig. Du bist gut vorbereitet. Alles läuft gut. Du kannst das. Du schaffst das. Alles im grünen Bereich."

Stellen Sie sich vor, wie Sie erfolgreich aus dem Prüfungszimmer gehen. Sehen Sie, wie andere Menschen Ihnen gratulieren, wie Sie erleichtert zuhause alle Bücher zusammenpacken und all die schönen Dinge tun, die Sie während der Prüfungsvorbereitungszeit aufgeschoben haben. Sollten Sie Angst vor einem Bewerbungsgespräch haben, stellen Sie sich vor, wie Sie ruhig vor der Kommission stehen und sich mit all Ihren Qualifikationen beschreiben. Stellen Sie sich weiter vor, wie Sie die Fragen stellen, die Sie gerne an die Firmenleitung stellen wollen. Sehen Sie, wie Ihnen am Ende des Gesprächs von der Firmenleitung gratuliert wird.

Die Bewältigungsvorstellung

Bei der Bewältigungsvorstellung bereiten Sie sich auf mögliche Probleme in der Prüfungssituation vor - z.b. dass Sie einen Blackout haben, die Aufgaben nicht lösen können oder auf eine Frage vom Prüfer keine Antwort wissen - und malen sich die passenden Bewältigungsstrategien aus.

Auch für die Bewältigungsvorstellungsübung bringen Sie sich zunächst in einen entspannten Zustand. Hierzu können Sie eine der Atem- oder Entspannungsstrategien aus Kapitel 10 nutzen. Dann malen Sie sich lebendig aus, wie Sie sich in der Prüfungssituation befinden und mit dem für Sie auftretenden Problem angemessen umgehen. Stellen Sie sich beispielsweise vor, wie Sie bei großer Nervosität während der schriftlichen Arbeit die Atemübung aus Kapitel 10 machen oder wie Sie sich selbst gut zureden: „Bleib ruhig. Du hast dich gut vorbereitet. Du hast nur einen Angstanfall. Er wird vorübergehen. Konzentriere dich auf die Aufgaben. Wenn du eine Frage nicht beantworten kannst, ist das keine Katastrophe. Bleib ruhig, atme ruhig und tief. Du kannst die Situation bewältigen."

Manchen Klienten half bei den Vorstellungsübungen, dass sie sich den Prüfungsraum vor der Prüfung angesehen haben. Je klarer und lebendiger Sie sich die Situation ausmalen können, umso besser können Sie sich mit Hilfe der Vorstellungsübung auf den Ernstfall vorbereiten.

Entscheiden Sie sich zu Ihrer Vorbereitung auf die Prüfung für eine der beiden Vorstellungsübungen. Für Experten der Katastrophenphantasien ist die Bewältigungsvorstellung meist geeigneter, weil diese nicht so stark von der eigenen Katastrophenphantasie abweicht. Die Vorstellungsübungen machen Sie am besten **täglich** morgens kurz vor dem Aufstehen und abends vor dem Schlafengehen mindestens 5 Minuten lang.

Weitere Strategien für den Umgang mit Phantasien

- Unterbrechen Sie Ihre negativen Vorstellungsbilder mit dem Gedankenstopp. Vergleichbar der Unterbrechung von Gedanken können wir auch unseren Katastrophenphantasien Einhalt gebieten, indem wir laut oder innerlich <Stopp> rufen und dabei in die

Hände klatschen. Wenn Sie Ihre Vorstellung unterbrochen haben, entspannen Sie bewusst Ihre Muskeln und lenken Ihre Aufmerksamkeit auf neutrale oder angenehme Bilder. Unterbrechen Sie **sobald** und jedesmal, wenn die Katastrophenvorstellung auftaucht. Auch wenn die Katastrophenvorstellung immer wieder auftaucht, unterbrechen Sie sie immer wieder durch Stopp-Rufen und eine neutrale Vorstellung. Wichtig ist, sie zu unterbrechen und zu verhindern, dass sie sich ausbreitet. Die Reihenfolge lautet: Gedankenstopp - Ruhe - Entspannung - neutrale Vorstellung.

• Stellen Sie sich vor, dass Sie die Prüfungssituation überlebt haben und Ihr Leben weitergeht. Wenn eine Person wegen einer bestimmten Situation Angst hat, hilft es ihr bisweilen, sich die Situation in sechs Monaten, in einem Jahr oder in mehreren Jahren auszumalen. Dadurch kann der Betroffene die Situation meist aus größerer Distanz betrachten, d.h. die Situation als weniger bedrohlich ansehen.

9
Die Verarbeitung traumatischer Erfahrungen

Wenn Sie in der Kindheit oder Jugend einmal oder mehrmals eine traumatische Erfahrung mit einer Prüfung gemacht haben - Sie haben eine Aufgabe nicht geschafft, wurden ausgelacht, beschimpft, haben sich blamiert gefühlt - dann ist es sehr wahrscheinlich, dass Ihnen diese Erfahrung auch heute noch in den Gliedern steckt. Vielleicht haben Sie daraufhin entschieden, Prüfungen, so gut es geht, zu vermeiden. Vielleicht haben Sie daraufhin beschlossen, sich besonders anzustrengen und alles perfekt machen zu wollen. Dann macht es Sinn für Sie, sich jetzt nochmals bewusst mit diesem traumatischen Erlebnis zu befassen - auch wenn Sie vielleicht nicht daran erinnert werden möchten und Ihre damit verknüpften negativen Gefühle nicht nochmals erleben möchten. Dieses Erlebnis macht Ihnen sonst leider jahrelang zu schaffen. Ihr Gehirn hat es quasi als sehr gefährlich gespeichert und warnt Sie immer wieder, wenn eine ähnliche Gefahr in Sicht ist. Sie müssen nun dieses Ereignis quasi wie eine Bombe entschärfen.

Wie Sie traumatische Erfahrungen aus Ihrer Kindheit oder Jugend verarbeiten können

In Ihrer Phantasie sehen Sie die traumatische Situation vielleicht immer wieder ganz genau vor sich, wie Sie versagt und sich furchtbar blamiert haben. Sie haben sozusagen einen Endlosfilm eingelegt, der immer wieder von vorne beginnt. Natürlich verspüren Sie dann auch immer wieder Ihre Unsicherheit, Ihre Hilflosigkeit und Ihre Scham. Und natürlich bekommen Sie dann auch Angst vor einem nächsten möglichen Desaster. Vielleicht sehen Sie auch keinen Film, sondern hören nur die Stimmen - wie Sie versagen und andere Sie auslachen oder beschimpfen. Die Auswirkungen auf Ihre Gefühle sind jedoch ebenso negativ und schwerwiegend.

Wenn Sie in der Zukunft wieder unbelasteter an neue Aufgaben gehen wollen, dann müssen Sie die alte Filmaufführung unterbrechen oder stören. Folgende Strategie können Sie immer dann einsetzen, wenn Sie innerlich den Wiederholungsfilm über das schmerzende Ereignis ablaufen lassen.

Strategie: Verändern Sie Ihren Spielfilm

Bringen Sie sich in einen positiven Zustand. Erinnern Sie sich hierzu lebendig an eine Situation, in der Sie sich stark und unerschütterlich gefühlt haben. Setzen Sie sich aufrecht hin und atmen Sie tief ein und aus. Dann stellen Sie sich vor, Sie sitzen als Zuschauer in einem Kino. Sehen Sie als nächstes, wie Sie Ihren Körper verlassen und hinaufschweben in den Projektionsraum des Kinos. Wenn Sie hinuntersehen, können Sie sich selbst im Zuschauerraum sitzen und auf die Leinwand blicken sehen. Sie sind von nun an also in der Rolle des Filmvorführers und sehen sich von oben als Zuschauer und als Schauspieler. Auf der Leinwand wird ein Schwarzweiß-Film über die Situation, in der Sie sich so unfähig, dumm, hilflos, erregt, minderwertig, voller Angst oder voller Scham gefühlt haben, gezeigt werden. Geben Sie hierzu dieser Situation zunächst einen neutralen Titel.

Der Schwarzweiß-Film beginnt und zwar kurz vor der für Sie bedrohlichen Sequenz. Die Lautstärke ist sehr leise und das Bild eher undeutlich. Lassen Sie nun den Schwarzweiß-Film auf der Leinwand in Bewegung kommen und in normaler Geschwindigkeit bis zum Ende der für Sie bedrohlichen Situation kommen. Dann lassen Sie den Film extrem schnell rückwärts abspulen, d.h. Ihr Film startet beispielsweise mit dem Moment, wo feststeht, dass Sie die Aufgabe nicht bewältigt haben und endet beim Beginn dieser für Sie unangenehmen Situation. Der Film läuft mit hoher Geschwindigkeit rückwärts, bis zum Beginn dieser Situation. Es erscheint Ihnen wie ein Slapstickfilm, der Sie zum Schmunzeln bringt. Am Anfang des Erlebnisses angekommen, lassen Sie ihn in doppelter Geschwindigkeit vorwärts laufen, bis zum Ende des Erlebnisses. Dann wieder so schnell wie möglich rückwärts, wieder vorwärts und wieder rückwärts. Wiederholen Sie das Ganze zehnmal. Stellen Sie sich die Szene dabei jedes Mal etwas bizarrer vor. Lassen Sie eine lustige Musik mitlaufen, hören Sie sich und andere mit Micky-Maus-Stimmen sprechen. Lassen Sie den Film einen Blaustich erhalten oder ganz unscharf werden.

Auf diese Weise löschen Sie Ihren alten Tragödienfilm. Schließlich sollte es Ihnen nicht mehr möglich sein, mit diesem Prüfungserlebnis starke Anspannung, Minderwertigkeitsgefühle und Scham zu verknüpfen. Stattdessen sollten Sie schmunzeln oder zumindest eher neutrale Gefühle verspüren. Sollten Sie Ihre negativen Gefühle immer noch verspüren, wiederholen Sie die Strategie nochmals.

Wenn Sie keine Bilder sehen, sondern nur ein Hörspiel hören, in dem z. B. jemand zu Ihnen die kritisierenden, abwertenden Worte sagt, dann machen Sie folgende Übung.

Strategie: Verändern Sie Ihr Hörspiel

Bringen Sie sich zunächst in einen positiven Zustand. Erinnern Sie sich hierzu lebendig an eine Situation, in der Sie sich stark und unerschütterlich gefühlt haben. Setzen Sie sich aufrecht hin und atmen Sie tief ein und aus.

Dann stellen Sie sich vor, Sie sitzen als Zuhörer vor dem Radio. Im Radio läuft ein Hörspiel über die Prüfungssituation, in der Sie sich so unfähig und minderwertig gefühlt haben. Sie sitzen ruhig in Ihrem Stuhl und hören dem Hörspiel zu. Sie hören, wie der Sprecher die für Sie abwertenden Worte rückwärts spricht. Wiederholen Sie das Ganze zehnmal. Stellen Sie sich die Hörszene dabei jedes Mal etwas bizarrer vor. Lassen Sie eine lustige Musik mitlaufen, hören Sie ihn mit Micky-Maus-Stimmen sprechen oder in Form einer Opernarie singen.

Auf diese Weise löschen Sie Ihr altes Hörspiel. Schließlich sollte es Ihnen nicht mehr möglich sein, mit diesem Erlebnis starke Anspannung, Angst und Minderwertigkeitsgefühle zu verknüpfen. Stattdessen sollten Sie schmunzeln oder zumindest eher neutrale Gefühle verspüren. Sollten Sie Ihre negativen Gefühle immer noch verspüren, wiederholen Sie die Strategie nochmals.

10
Entspannungsstrategien

Angst, also auch Prüfungsangst, ist immer verbunden mit den unterschiedlichsten körperlichen Veränderungen, die auf die Umstellung unseres vegetativen Nervensystems zurückzuführen sind. Angst entsteht, wenn wir etwas als gefährlich ansehen - unabhängig davon, ob es wirklich lebensgefährlich für uns ist. Die körperlichen Veränderungen machen uns bereit zu Kampf, zu Flucht oder lähmen uns. So spannt sich z.b. unsere Muskulatur an, wir bekommen ein flaues Gefühl im Magen und haben einen Druck auf der Blase. Unser Atemrhythmus wird beschleunigt und wir atmen flach im oberen Brustbereich. Dies wiederum kann zu Symptomen wie Benommenheit, Schwindel, Herzklopfen und weichen Knien führen.

Wenn wir diese körperlichen Symptome während der Prüfungsvorbereitung oder in der Prüfungssituation wahrnehmen, bewerten wir diese meist als sehr unangenehm oder sogar bedrohlich und steigern damit unsere Angst noch weiter. Wir befürchten, die Kontrolle über unseren Körper zu verlieren. Als Folge davon fällt unsere Leistungsfähigkeit ab. Wir kommen vielleicht auf die Idee, unseren Körper mit Beruhigungsmitteln zu beruhigen.

Um diesem Kreislauf von Angst, körperlichen Symptomen, negativer Bewertung und Verstärkung der körperlichen Symptome Einhalt zu gebieten, können wir lernen, gezielt unseren Atem und die Muskelanspannung zu beeinflussen. Hierzu möchten wir Ihnen drei Techniken vorschlagen. Sinnvoll ist es, die Techniken täglich zu üben, damit Sie diese dann auch unmittelbar vor und während der Prüfungssituation einsetzen können. Durch ein Entspannungsverfahren können Sie direkt auf das vegetative Nervensystem einwirken, das für die körperlichen Symptome der Prüfungsangst wie etwa einen trockenen Mund, den Drang zum Wasserlassen, Schwitzen, Zittern, kalte Hände, einen Kloß im Hals, etc. zuständig ist. Sie können dadurch mehr Ruhe und Gelassenheit in Ihrem Innern bewirken. Durch die Atemübungen können Sie gezielt Ihren Atem verlangsamen, die Sauerstoffzufuhr verringern und dadurch Ihre innere Unruhe bremsen.

Wie Sie Ihren Körper positiv beeinflussen können

1. Atemtechniken
Jeder Mensch sollte in seinem seelischen Erste-Hilfe-Koffer eine Atemtechnik für Notfälle bereit liegen haben. Wir möchten Ihnen zwei Atem-Techniken vorstellen. Beginnen wir mit der Übung zur Bauchatmung, auch Zwerchfellatmung genannt.

Anleitung zur Bauchatmung
Legen Sie Ihre Hand flach 2 cm unterhalb des Nabels auf die Bauchdecke. Atmen Sie tief ein und stellen sich vor, wie der Atem bis hinunter zu Ihrer Hand fließt und schließlich Ihre Hand auf dem Bauch hebt. Dann stellen Sie sich vor, wie der Atem langsam wieder über den Brustraum zurück über die Nase nach außen entweicht, und konzentrieren sich darauf, wie die Hand wieder nach unten sinkt. Wiederholen Sie diese Technik mehrere Minuten.

Üben Sie die Bauchatmung am besten zunächst morgens vor dem Aufstehen und abends vor dem Schlafengehen im Liegen. Sie können auch Ihre Bauchdecke beim Ausatmen sanft drücken. Beim Einatmen tun Sie sich dann leichter, Ihren Atem in den Bauch zu lenken. Wenn die Bauchatmung im Liegen klappt, gehen Sie zur Übung im Stehen und dann erst zur Übung im Sitzen über. Den meisten Menschen fällt die Bauchatmung im Sitzen nämlich am schwersten. Führen Sie die Bauchatmung täglich zwei- bis dreimal durch. Mit zunehmender Erfahrung und Übung brauchen Sie die Hand nicht mehr auf Ihren Bauch zu legen, sondern spüren auch so, wann der Atem im Zwerchfell angekommen ist und Sie in die Tiefe des Körpers atmen.

Die Spontanentspannungs-Technik
Wenn wir unseren Körper schon einmal durch negative Gedanken alarmiert haben, ist es ganz sinnvoll, eine Strategie zur Entwarnung parat zu haben. Ein einfacher Weg, dies zu erreichen, ist die Spontan-Entspannungs-Technik, die über die Atmung arbeitet. Durch gezieltes Atmen kann man bewusst ein Gefühl der Entspannung erzeugen und negative Spannung und Angstgefühle kontrollieren.

Anleitung zur Spontanentspannungs-Technik
Atmen Sie etwas tiefer ein, als Sie das gewöhnlich tun. Dann atmen

Sie in einer Bewegung wieder aus, ohne den Atem nach dem Einatmen anzuhalten. Wenn Sie ausgeatmet haben, halten Sie Ihren Atem für ca. 6-10 Sekunden an. Finden Sie selbst heraus, welche Zeit für Sie am angenehmsten ist. Zählen Sie in Gedanken von 1001 bis 1006 oder 1010 (eintausendundeins, ... eintausendundsechs). Nachdem Sie den Atem angehalten haben, atmen Sie wieder ein, atmen in einer Bewegung wieder aus, ohne den Atem anzuhalten, und halten ihn dann für weitere 6 bis 10 Sekunden an.

Wiederholen Sie diese Atemübung für 2 bis 3 Minuten bzw. so lange, bis Sie deutlich entspannter und ruhiger sind. Diese Atemtechnik hat den Vorteil, dass sie ohne großes Training funktioniert. Bevor Sie einschlafen, setzen Sie nämlich schon ganz automatisch diese Atemtechnik ein. Sie reduzieren dadurch die Sauerstoffzufuhr und Ihr Körper hat weniger Energie zur Anspannung. Außerdem lenken Sie sich durch das neutrale Zählen von Ihren Katastrophengedanken ab.

2. Techniken zur Muskelentspannung

Bei Angst tritt immer zugleich eine Muskelanspannung oder sogar Verkrampfung auf. Wenn wir etwas als gefährlich einschätzen, reagiert das dem Willen entzogene Muskelsystem, der Kreislauf wird beschleunigt, das Herz schlägt schneller, der Blutdruck steigt, aber es kommt auch zur Anspannung der dem Willen unterworfenen Muskeln. Sie verkürzen sich und ziehen sich zusammen, was dann als Spannung empfunden wird. Da wir Gefühle prinzipiell durch die Muskelaktivität beeinflussen können, können wir durch eine gezielte Muskelentspannung auch unsere Prüfungsangst verringern. Gleichzeitige Muskelanspannung und Muskelentspannung sind nicht möglich. Sobald wir entspannt sind, wird auch das Ausmaß unserer Erregung zunehmend geschwächt.

Die Technik der Progressiven Muskelentspannung nach Jacobson hat sich besonders dabei bewährt, die Anspannung der Muskulatur zu reduzieren. Sie beruht auf der wechselweisen Anspannung und Entspannung der Muskulatur. Schrittweise werden die gesamten Muskelgruppen im Körper gezielt angespannt und dann wieder entspannt. Da die Progressive Muskelentspannung viel Übung verlangt, möchten wir Ihnen zum Erlernen einen Kurs bei der VHS oder Ihrer Krankenkasse oder eine CD vorschlagen. Auf unserer CD <Tiefenentspannung nach Jacobson> finden Sie eine Kurz- und Langform der Progressiven Muskelentspannung.

Eine schnelle unkomplizierte Entspannungsstrategie zur Muskelentspannung möchten wir Ihnen jetzt noch vorschlagen, die sogenannte Ampelübung.

Ampelübung
Stellen Sie sich vor, Sie müssen bei Rot an einer Ampel halten und wollen sehr schnell etwas Gutes für sich tun, anstatt sich über das Rotlicht zu ärgern. Dann spannen Sie hierzu einmal kurz für ca. 15 Sekunden alle Muskeln Ihres Körpers vom Nacken bis zu den Füßen an. Danach lassen Sie die Anspannung los und versuchen, alle Muskeln locker zu lassen. Achten Sie dabei darauf, dass Sie sich nicht verkrampfen.

Was Sie sonst noch für Ihren Körper tun können

Vielleicht gehr es Ihnen wie vielen Menschen im Prüfungsstress, dass Sie Ihr ganz normales Tagesprogramm aufgeben. Im Vordergrund steht nur noch das Lernen, alles andere wird als Zeitverschwendung betrachtet. Schlaf, Essen und Bewegung werden vernachlässigt. Dieses Verhalten ist zwar nachvollziehbar, aber dennoch nicht hilfreich. Unser körperlicher Zustand hat einen großen Einfluss auf unser Aufnahmevermögen und die Merkfähigkeit.

• Bauen Sie in Ihren Alltag ausreichend Bewegung ein. Auch wenn Sie während Ihrer Prüfungsvorbereitungen den Eindruck haben, keinerlei Zeit für körperliche Bewegung oder gar regelmäßigen Sport erübrigen zu können, sollten Sie sich dafür Zeit nehmen. Ihre Anspannung entsteht, weil Ihr Körper quasi in einer Hab-Acht-Stellung ist. Sie signalisieren ihm durch Ihre Bewertung, dass eine Prüfung eine Gefahr darstellt. Durch körperliche Bewegung können Sie Ihre Anspannung gezielt abbauen. Treppensteigen, Liegestützen, tanzen, putzen, Rad fahren, joggen - es gibt viele Möglichkeiten, sich zu bewegen. Lediglich täglich eine halbe Stunde moderate Bewegung kann Ihnen dabei helfen, Ihren Kreislauf zu trainieren und Ihr Anspannungsniveau zu senken.

• Verzichten Sie während der Prüfungsvorbereitungszeit auf übermäßigen Konsum von Alkohol, Kaffee, Nikotin. Diese steigern Ihre

Erregung und innere Unruhe umso mehr. Sie erschweren es Ihnen auch, am Abend anzuschalten und einzuschlafen. Sind Sie allerdings körperlich von diesen Mitteln abhängig, dann behalten Sie im Augenblick Ihre Konsumgewohnheiten bei. Ein Entzug würde Ihre Unruhe jetzt noch mehr verstärken.

• Sorgen Sie für regelmäßiges, gesundes Essen und ausreichend Flüssigkeitszufuhr. Wenn Sie unregelmäßig essen, führt dies zu einem niedrigen Blutzuckerspiegel, damit verbunden körperlichen Symptomen wie Zittern oder Unruhe und nachlassendem Leistungsvermögen. Diese können Sie während der Prüfungsvorbereitung und Prüfung sehr verunsichern und Ihre Angst verstärken. Sinnvoll ist es, wenn Sie fünfmal pro Tag eine kleine Mahlzeit zu sich nehmen. Sie brauchen sich kein großes Menu zubereiten, bereitgestelltes Obst, Joghurt, Müsli und Nüsse tun es auch. Wenn Sie nicht ausreichend trinken, funktioniert Ihr Gehirn schlechter. Sorgen Sie deshalb für mindestens 1,5 l Flüssigkeit pro Tag - am besten Mineralwasser, verdünnte Fruchtsäfte oder grünen Tee. Vermeiden Sie stark gezuckerte Getränke, denn diese führen zu Müdigkeit und nachlassender Konzentration.

• Tanken Sie Sauerstoff. Lüften Sie Ihren Arbeitsraum öfter einmal oder machen Sie einen kleinen Spaziergang.

• Sorgen Sie für ausreichend Schlaf. Auch Schlafmangel kann die Bereitschaft zu einem Panikanfall oder Blackout erhöhen. Wie viel Schlaf man benötigt, das ist individuell verschieden. Am besten Sie orientieren sich daran, wie viel Schlaf Sie vor Beginn der Prüfungsvorbereitung benötigt haben, um ausgeschlafen zu sein. Um sich das Einschlafen zu erleichtern, sollten Sie sich eine halbe Stunde vor dem Schlafengehen nur noch mit etwas Entspannendem beschäftigen.

Und zum Anschluss noch ein Blitztipp für die Prüfungssituation. Mit der Veränderung Ihrer Körpersprache können Sie von einer Sekunde auf die andere Ihre Gefühle beeinflussen und von Angst zu mehr Sicherheit und Selbstvertrauen wechseln.

• Erinnern Sie sich an eine Situation, in der Sie selbstbewusst und siegessicher waren. Rufen Sie sich möglichst lebendig diese Situation in Erinnerung, in der Sie sich vollkommen sicher, souverän, unerschütterlich und selbstbewusst gefühlt haben. Stellen Sie sich vor, Sie durchleben diese Situation nochmals life. War in dieser Situation jemand anwesend oder waren Sie allein? Was haben Sie gesehen und gehört? Was haben Sie in dieser Situation gedacht? Was haben Sie gespürt? Wie haben Sie in dieser Situation gestanden und geatmet: schnell, flach oder langsam und tief? Wie war Ihr Gesichtsausdruck? Haben Sie gelacht oder ernst geschaut, haben Ihre Augen gestrahlt? Wie war Ihre Gestik? Wie war Ihre Kopfhaltung: gesenkt, nach oben gerichtet, gerade oder schief? Wie sah Ihre Körperhaltung aus: Schulter hängend oder nach hinten gezogen, Beine beide fest auf dem Boden, Bauch rausgestreckt oder eingezogen? Wie haben Sie gesprochen: laut oder leise, schnell oder langsam, stockend oder fließend?

Falls Ihnen gar keine Situation einfallen sollte, in der Sie sich selbstsicher und unerschütterlich gefühlt haben, dann wählen Sie sich einen Freund oder auch Prominenten aus, den Sie als selbstsicher einschätzen, und tun so, als ob Sie für kurze Zeit in seine Haut schlüpfen würden. Denken, fühlen und verhalten Sie sich so, wie dieser sich in einer Situation selbstsicher verhalten würde. Sie sind jetzt Schauspieler und sollen diese Person möglichst lebensecht nachspielen. Prägen Sie sich die Merkmale Ihres selbstsicheren Auftretens gut ein, so dass Sie diese in der Prüfung abrufen können.

Diese Strategie ist sowohl geeignet, bevor Sie in die Prüfungssituation gehen, als auch dann, wenn Sie dort sind. Sie können sie aber auch in jeder anderen Situation einsetzen, in der Sie mehr Selbstsicherheit gebrauchen können.

Teil III
11
Der Einfluss der Motivation auf das Lernen

Bevor wir uns den Lern- und Arbeitstechniken widmen, wollen wir uns mit einem weiteren wesentlichen Einflussfaktor auf den erfolgreichen Ausgang einer Prüfung beschäftigen: mit der Motivation. Unter Motivation verstehen wir den inneren Antrieb, sich auf die Prüfung vorzubereiten und die Prüfung bestehen zu wollen. Generell gibt es zwei Grundmotive: die Hoffnung auf etwas Positives und die Furcht vor etwas Negativem.

Wenn wir an die Vorteile denken, die mit dem erfolgreichen Abschluss der Prüfung oder der Zusage einer neuen Stelle verbunden sind, dann motivieren wir uns durch etwas Positives. Wir erhoffen uns vielleicht Anerkennung, mehr Geld, Unabhängigkeit, einen Titel, usw. Malen wir uns hingegen aus, dass wir durch die Prüfung fallen und von anderen ausgelacht werden, die Klasse wiederholen müssen oder anderen Rechenschaft darüber ablegen müssen, warum wir durchgefallen sind, dann verspüren wir Angst, und diese Angst vor dem Negativen kann uns ebenfalls motivieren, zu lernen, allerdings nur, wenn sie nicht so groß ist, dass sie uns lähmt und blockiert.

Ursachen für eine geringe Motivation

Sowohl zu geringe Motivation (die Prüfung ist uns unwichtig, wir sehen keinen Sinn darin, wir glauben, keine Chance zu haben, die Prüfung zu bestehen, usw.), als auch zu intensive Motivation (wir denken, unser Leben hängt von dem Bestehen der Prüfung ab) sind hinderlich. Meistens sind beide Motive, die Hoffnung auf etwas Positives und die Angst vor etwas Negativem, in uns vorhanden. Wenn Sie nicht motiviert sind, zu lernen, dann kann das mehrere Ursachen haben. Wenn Sie diesen Ursachen auf den Grund gehen möchten, dann sollten Sie sich fragen, weshalb Sie in die Prüfung gehen? Ist es der Wunsch Ihrer Eltern oder anderer wichtiger Personen? Wenn es der Wunsch der Eltern ist, möchten Sie sich vielleicht dafür rächen, dass sie Ihnen etwas aufgezwungen haben, was Sie nicht wollten? Oder gibt es andere Gründe für die Unlust? Macht es Ihnen keine Freude, sich mit dem Stoff zu beschäftigen? Hat sich die Wahl des Faches als ein Fehler herausgestellt, weil Sie sich etwas anderes darunter vorgestellt haben? Fühlen Sie sich unter- oder überfordert in diesem Bereich? Haben sich die zukünftigen Chancen in dem Beruf verschlechtert und sind die Chancen nur gering, danach eine Stelle zu finden? Bestehen während der Prüfungsvorbereitung Probleme in der Partnerschaft, mit den Eltern, finanzielle Probleme oder eine schwere Erkrankung im Freundeskreis, die Ihre Konzentration beeinträchtigen?

Wenn Sie eine oder mehrere Fragen mit Ja beantworten können, dann ist es verständlich, wenn Sie sich zum Lernen zwingen müssen und sich davor drücken, ein Buch in die Hand zu nehmen. Wir können Ihnen bei diesen Problemen jedoch nicht weiterhelfen. Hierzu müssten wir die spezifischen Bedingungen Ihrer ganz persönlichen Situation kennen und wir bräuchten eine Reihe von Informationen über Ihre Person. Wenn Sie allein mit diesen Problemen nicht weiterkommen und eine Lösung dafür suchen, empfehlen wir Ihnen deshalb, einen erfahrenen Therapeuten zu Rate zu ziehen oder sich an eine Beratungsstelle zu wenden.

Daneben gibt es eine Menge weiterer Gründe für eine geringe Motivation und hier können wir Ihnen im Rahmen dieses Buches eine Hilfe anbieten. Die Fähigkeit, seinen Schweinehund zu überwinden und sich beim Lernen bei der Stange zu halten, ist nicht angeboren. Wir lernen schon als kleine Kinder, uns in Geduld zu üben, indem wir beispielsweise so lange einen Turm mit Bauklötzchen aufbauen, bis er stehenbleibt und so lange immer wieder aufzustehen, wenn wir hinfallen, bis wir laufen können.

Beim Aufbau unserer Frustrationstoleranz oder unseres Durchhaltevermögens helfen die Geduld, die Ermutigung und das Lob der Eltern. Werden wir als Kinder überfordert oder ungeduldig von unseren Eltern angebrüllt, gehen wir später auch schnell mit uns ins Gericht. Beim ersten Misserfolg sagen wir uns dann vielleicht: „Wie kannst du nur so blöd sein. Du bist eine Null, das schaffst du nie", und nehmen uns so jeglichen Ansporn zum Weitermachen. Auch ein Geschwisterchen, was beständig alles besser und schneller kann als wir, wirkt nicht unbedingt motivationsfördernd. Günstigstenfalls fühlen wir uns herausgefordert, ihm zu beweisen, dass wir es genauso gut können. Schlimmstenfalls resignieren wir und beginnen erst gar nicht mehr, uns mit ihm zu messen. Die Motivation lässt auch sehr stark nach, wenn Sie zu viel von sich erwarten, beispielsweise etwa, wenn Sie etwas schneller erledigen wollen, als es überhaupt möglich ist, oder wenn Sie etwas tun wollen, was Ihnen unmöglich ist. Eine andere Strategie, seine Motivation zu schwächen, ist, sich damit zu beschäftigen, was man an vergnüglichen Dingen nicht tun „darf, weil man lernen muss". Die Gedanken werden dabei auf den augenblicklichen Verlust an Schönem gelenkt und der langfristige Schaden oder Gewinn wird außer Acht gelassen. Im Folgenden haben wir sehr weit verbreitete Motivationsprobleme dieser Art aufgeführt. Ihre Ursachen liegen meist im Denken, der Art und Weise, wie man an die Vorbereitung der Prüfung herangeht. Deshalb besteht die Lösung für diese Probleme meist auch in einem Umdenken.

Motivationsprobleme und was Sie gegen diese tun können

Problem: Sie werfen die Bücher nach ganz kurzer Zeit in die Ecke, weil Sie denken, Sie seien zu dumm, es sei aussichtslos, Sie würden sowieso durchfallen oder mit einer schlechten Note abschneiden.
Lösung: Korrigieren Sie Ihre Einstellung. Sagen Sie sich: „Grübeln hilft mir nicht. Im Gegenteil. Dadurch lähme ich mich nur und mache es mir unnötig schwer. Ich bin kein Hellseher und ich kann deshalb nicht wissen, wie die Prüfung ausgehen wird. Die Chance, dass ich sie bestehe, ist jedoch größer, wenn ich mich jetzt hinsetze und lerne, anstatt mich verrückt zu machen. Ich tue mein Bestes."

Problem: Sie verspüren einen inneren Widerstand gegen das Lernen, weil Sie sich permanent einreden, Sie müssten lernen, und ein schlechtes Gewissen haben, wenn Sie als Ausgleich zum Lernen etwas zu Ihrem Vergnügen tun.
Lösung: Sagen Sie sich: „Ich muss nicht lernen, wenn ich nicht möchte. Da ich die Prüfung jedoch gerne bestehen möchte, entscheide ich mich, zu lernen, auch wenn es mir kein Vergnügen bereitet. Abwechslung ist wichtig. Ich kann mir bewusst Zeiten der Entspannung in meinen Arbeitsplan einbauen. Es bringt mir über-

haupt nichts, ständig nur zu lernen. Das ist ineffektiv. Nach einer Pause kann ich umso besser lernen."

Problem: Es macht Ihnen keinen Spaß zu lernen.
Lösung: Stellen Sie sich vor, welchen Gewinn Sie haben werden, wenn Sie die Prüfung bestehen. Malen Sie sich die Vorteile der bestandenen Prüfung in den buntesten Farben aus. Machen Sie sich klar, dass die Prüfung und der damit verbundene Aufwand in absehbarer Zeit vorüber sind und dass Sie diese paar Wochen oder Monate hinter sich bringen werden. Dann setzen Sie sich an den Schreibtisch.

Problem: Sie schieben Ihre Prüfungsvorbereitungen so lange hinaus, bis die Angst durchzufallen größer ist als das Unlustgefühl zu arbeiten.
Lösung: Sie gehören zu den Menschen, die sich durch Angst motivieren. Dies ist keine sehr hilfreiche Strategie, denn Sie lernen aus einem negativen Gefühl heraus. Sagen Sie sich stattdessen: „Ich setze mich ab heute hin und bereite mich vor. Dann habe ich jeden Tag ein gutes Gewissen und kann stolz auf mich sein. Wenn ich das Lernen hinausschiebe, wird es deshalb nicht attraktiver für mich."

Problem: Sie reden sich ein, dass Sie bisher nicht genug für die Prüfung getan haben, es jetzt zu spät sei, den Rückstand aufzuholen, und Sie deshalb durch die Prüfung fallen werden.
Lösung: Sagen Sie sich: „Ich kann nicht mehr rückgängig machen, dass ich bisher nicht so viel gelernt habe, wie ich glaube, dass nötig gewesen wäre. Statt meine Zeit mit Vorwürfen zu vergeuden, beginne ich jetzt sofort. Jeder Tag zählt. Ich tue mein Bestes, um mich in der verbleibenden Zeit so gut es geht vorzubereiten. Solange ich nicht aufgebe, habe ich nicht verloren."

Problem: Sie werden während der Vorbereitung auf die Prüfung immer mutlos, wenn Sie auf Stellen stoßen, die Sie nicht verstehen. Sie zweifeln dann an sich und Ihrem Verstand.
Lösung: Sagen Sie sich: „Ganz ruhig. Wenn du dich nicht verrückt machst, dann kommst du schon noch dahinter. Und wenn nicht, dann fragst du jemanden. Wenn du etwas nicht sofort verstehst, ist das keine Katastrophe. Du hast Zeit, es zu begreifen."

Problem: Sie schreiben keine Bewerbungen mehr und gehen erst gar nicht mehr zum Vorstellungsgespräch, weil Sie denken, dass Sie sowieso die Stelle nicht bekommen werden, weil Sie zu alt, zu dumm, zu ... sind.

Lösung: Sagen Sie sich: „Ich kann nicht hellsehen. Ich werde hingehen und die anderen entscheiden lassen, ob ich der Richtige für den Job bin. Wenn ich mich bewerbe und vorstelle, habe ich die Chance, genommen zu werden."

Allgemeine Strategien zur Steigerung der Motivation

1. Erstellen Sie eine Gewinn-Verlust-Rechnung. Für nahezu alle Entscheidungen, die wir treffen, gibt es ein Für und Wider. Machen Sie deshalb für sich eine Gewinn-Verlust-Rechung auf, um sich zu zeigen, dass die schweißtreibende Vorbereitung auf die Prüfung oder das mühselige Schreiben von Bewerbungsbriefen nicht nur ihre Schattenseiten hat. Diese Bilanz kann Ihre Motivation fördern.

Für die Prüfungsvorbereitung oder das Bewerbungsschreiben spricht:
Kurzfristig ....
Langfristig ....

Gegen die Prüfungsvorbereitung oder das Bewerbungsschreiben spricht:
Kurzfristig ....
Langfristig ....

2. Hören Sie nicht auf Ihr Gefühl, sondern beginnen Sie sofort mit dem Arbeiten. Wenn wir auf unser Gefühl hören und nach dem Lustprinzip gehen, werden wir meist den kurzfristigen Gewinn einem langfristigen Verlust vorziehen. Ein kleines Kind isst zwei Pfund Schokoladeneis, ohne an die Bauchschmerzen danach zu denken. Was uns Erwachsene von kleinen Kindern unterscheidet, ist die Fähigkeit, Vor- und Nachteile gegeneinander abzuwägen. Dies bedeutet jedoch nicht, dass unser Gefühl automatisch dem Kopf zustimmt. Ein manches Mal müssen wir so tun, als ob wir uns danach fühlen, und dann erst folgt das dazu passende Gefühl.

Ich führe beispielsweise jeden Morgen einen Kampf mit mir. Ich habe mir vorgenommen, täglich eine halbe Stunde Gymnastik zu machen. Meine Kopf-Entscheidung hat bis heute nicht bewirkt, dass ich morgens begeistert aus dem Bett springe und mich nach der Gymnastik sehne. Ich habe mir inzwischen abgewöhnt, mit mir zu diskutieren, sondern springe möglichst schnell aus dem Bett und beginne mit dem Training. Manchmal setze ich den Trick ein, mir zu sagen, dass ich nach 5 Minuten wieder aufhören kann, wenn ich will. Ich erlebe immer wieder, dass ich dann, wenn ich erst einmal begonnen habe, fast immer froh bin und gerne weitermache.

3. Malen Sie sich täglich die Gewinne aus, die Sie erwarten, wenn Sie Ihr Ziel erreichen. Beispielsweise, dass Sie stolz auf sich sein werden, mehr Geld verdienen, bewundernde Blicke von anderen bekommen, finanziell unabhängig werden, beruflich erfolgreich sind, usw.

4. Nehmen Sie sich kleine Schritte vor und loben Sie sich für jeden kleinen Schritt, den Sie erreicht haben. Auch die Menge an Stoff, die Sie sich täglich vornehmen, spielt eine entscheidende Rolle bei der Motivation. Je mehr Sie sich vornehmen, um so schwieriger ist es für Sie, zu beginnen, und desto schwieriger ist es auch für Sie, mit dem Eindruck, erfolgreich beim Arbeiten gewesen zu sein, aufzuhören. Kleine Lernschritte führen dazu, dass Sie sich häufiger ein Lob geben können, und wenn Sie sich dann freiwillig entscheiden, noch etwas über das tägliche Ziel hinaus zu tun, bekommen Sie eine Extraportion Zufriedenheit geschenkt. Deshalb empfiehlt es sich, sich lieber kleine Lernschritte auszuwählen. Wenn ein größerer Abschnitt gelungen ist, sollten Sie sich eine größere Belohnung gönnen, beispielsweise ein schönes Essen, eine neue CD oder einen Kinobesuch.

5. Erstellen Sie sich einen Arbeitsplan (s. Kapitel 12) und hängen Sie diesen an die Wand. Streichen Sie jeden Tag an, wie weit Sie mit dem Lernen gekommen sind.

Im nächsten Kapitel wollen wir Ihnen einige Tipps für ein effektives Lernen, die Steigerung Ihrer Konzentrations- und Merkfähigkeit sowie für die optimale Gestaltung Ihres Arbeitsplatzes geben. Bei diesen Tipps handelt es sich um Erkenntnisse der modernen Lernpsychologie.

12
Allgemeine Lern- und Arbeitstechniken

Die Psychologie hat eine Reihe von Erkenntnissen gewonnen, die für eine optimale Vorbereitung auf so ein wichtiges Ereignis wie eine Prüfung eine große Hilfe sein können. Diese Erkenntnisse beziehen sich auf die Gestaltung des Arbeitsplatzes und das Einprägen des Prüfungsstoffes. Je nachdem, um welche Art von Prüfung es sich handelt, sind die Anregungen mehr oder weniger wichtig. Wenn Sie auf eine Prüfung an der Universität lernen, die ein mehrstündiges Lernen am Tag über mehrere Wochen und Monate hinweg erfordert, sollten Sie die nachfolgenden Vorschläge bezüglich des Arbeitsplatzes sehr viel stärker beachten, als wenn Sie auf eine Führerscheinprüfung lernen. Um welche Art von Prüfung es sich aber auch handelt: Die Vorschläge für die Aneignung des Lernstoffes können Ihnen auf jeden Fall eine große Hilfe sein. Schauen wir uns zunächst einmal Ihren Arbeitsplatz daraufhin an, ob er das Lernen eher fördert oder behindert.

Grundlegende Voraussetzungen für effektives Lernen

Ihr Arbeitsplatz
Im Folgenden finden Sie eine Checkliste, die Ihnen das Aufspüren von möglichen Störfaktoren erleichtert. Schauen Sie diese Liste durch und kreuzen Sie an, was auf Sie zutrifft.

äußere Störfaktoren:
O Lärm
O Musik
O Ereignisse vor dem Fenster
O unangemeldete und häufige Besuche
O Anrufe
O störende Unterhaltung anderer
O neue e-mails oder sms
O online-Verbindung zum Internet

Schreibtisch:
O zu klein, um den Prüfungsstoff darauf auszubreiten
O mit nicht prüfungsrelevanten Dingen versehen
O überladen und unübersichtlich
O in Reichweite liegen Zeitschriften, Comics, usw.
O enthält nur das nötige Arbeitsmaterial
O kein eigener Schreibtisch vorhanden

Arbeitsmaterial:
O nicht vollständig, muss noch besorgt werden
O zum Holen muss Arbeit unterbrochen werden
O alles in Reichweite vorhanden

Stuhl:
O zu niedrig
O zu unbequem
O angenehm

Beleuchtung:
O zu schwach
O zu hell (z.B. durch intensive Sonneneinstrahlung)
O ausreichend und angenehm

Raumklima:
O zu kalt
O überhitzt
O angenehm

Meine beste Arbeitszeit:
O morgens   O nachmittags   O abends   O nachts

Wenn Sie bei einzelnen Punkten festgestellt haben, dass Ihre Arbeitsbedingungen nicht optimal sind, dann sorgen Sie für Abhilfe. Manches wird sich vielleicht leicht ändern lassen, anderes, wie etwa Lärm, möglicherweise gar nicht. Gehen wir die einzelnen Punkte kurz durch.

Auf äußere Störfaktoren sollten Sie Ihr besonderes Augenmerk richten, da diese Ihre Konzentration und die Wissensaufnahme empfindlich stören können. Vielleicht liegt Ihre Wohnung an einer verkehrsreichen Straße mit anfahrenden und bremsenden Autos oder mit quietschenden Straßenbahnen. Können Sie für die Zeit der Prüfungsvorbereitung in ein anderes Zimmer umziehen? Können Sie zu einer Tageszeit lernen, an der die Beeinträchtigung durch Lärm geringer ist?

Als Student leben Sie vielleicht in einem Studentenwohnheim oder in einer Wohngemeinschaft. Möglicherweise werden Sie häufig durch Kommilitonen gestört, die einfach in Ihr Zimmer reinschneien. Ein Schild an der Tür mit der Aufschrift <Nicht stören> oder <Bitte Ruhe, lerne bis ... Uhr> kann Wunder wirken. Bitten Sie Freunde und Bekannte, nicht unangemeldet bei Ihnen vorbeizuschauen. Wenn Ihr Arbeitstisch nahe an einem Fenster steht, dann schauen Sie vielleicht auf belebte Plätze, auf denen viel los ist. Das verführt Sie vielleicht dazu, häufig aus dem Fenster zu schauen. Wenngleich ein Fensterplatz aufgrund der natürlichen Lichtverhältnisse sicher optimal fürs Lernen (und die Augen!) ist, sollten Sie - gerade, wenn Sie sich leicht ablenken lassen - überlegen, ob Sie den Schreibtisch vielleicht drehen, so dass Sie nicht direkt ins Freie schauen können.

Unterschätzen Sie diese äußeren Störfaktoren nicht. Gerade wenn man sich selbst immer wieder in den Hintern treten muss, um zu lernen - weil einen der Prüfungsstoff nicht interessiert oder das Wetter so schön ist -, dann lässt man sich nur zu gerne und nur zu leicht von solchen Faktoren ablenken.

Die Organisation Ihres Schreibtisches kann die Wissensaufnahme ebenfalls empfindlich beeinträchtigen. Wenn er unübersichtlich und mit Dingen angefüllt ist, die nichts mit dem Lernen zu tun haben, dann vergeuden Sie möglicherweise wertvolle Zeit und Konzentration mit dem Suchen von wichtigen Papieren - ganz zu schweigen von der Gefahr der Ablenkung. Entrümpeln Sie also Ihr Arbeitsfeld und gestalten Sie es übersichtlich. Lassen Sie in Reichweite keine Dinge herumliegen, die Sie dazu verführen könnten, sich ablenken zu lassen. Dazu gehören Zeitschriften, Fotos, Esswaren, aber auch Radio und Fernseher.

Das Thema Musik beim Lernen ist immer wieder Anlass für Diskussionen. In aller Regel würden wir meinen, ist Musik beim Lernen eher schädlich als förderlich. Aber das ist eine persönliche Sache, die sicherlich auch von der Art des Prüfungsstoffes abhängt.

Leise Hintergrundmusik, die nicht aufwühlend ist, kann sich positiv auf das Denkvermögen und die Kreativität auswirken. Ich höre beispielsweise beim Schreiben eines neuen Buches immer meine Lieblingsmusik. Das stimuliert mich und bringt mich in eine positive Stimmung. Wenn ich mich jedoch auf einen Vortrag vorbereite oder komplizierte Zusammenhänge verstehen will, dann geht das bei mir nur in einer „lautlosen" Umgebung. „Probieren geht über studieren." Experimentieren Sie also und finden Sie selbst heraus, wie sich Musik auf Ihre Fähigkeit zu lernen auswirkt.

Die ständige Unterbrechung des Arbeitens durch eingehende sms und e-mails kann Ihre Konzentration empfindlich stören. Wenn Sie ständig online mit dem Internet verbunden sind, kann Sie dies dazu verführen, mal eben ein bisschen zu surfen. Besser ist es, wenn Sie das Handy ausschalten und nur in den Pausen einen Blick auf das internet und die emails werfen - natürlich vorausgesetzt, Sie brauchen das Internet nicht zum Lernen.

Haben Sie alle Arbeitsmaterialien vor Lernbeginn parat? Überlegen Sie, was Sie alles zum Lernen benötigen - angefangen von genügend Schreibpapier und Schreibutensilien bis hin zu den notwendigen Büchern und Arbeitsmaterialien.

Wann ist Ihre beste Arbeitszeit? Wann sind Sie am aufnahmefähigsten? Brauchen Sie nach dem Aufstehen erst einmal einige Stunden und etliche Tassen Kaffee, um wach zu werden? Sind Sie ein Nachtmensch? Grundsätzlich ist es am besten, dann zu lernen, wenn man sich körperlich fit und energiegeladen fühlt. Es bringt absolut nichts, wenn man sich zwingt, sich etwas merken zu wollen, während man gleichzeitig schlapp und müde ist. Wenn der Biorhythmus am Boden ist, braucht man nicht nur länger, um etwas zu verstehen, man kann es sich auch nicht so gut merken. Man braucht dann ungleich mehr Zeit, um sich einen bestimmten Stoff zu merken, als wenn man ausgeruht und fit ist. Überprüfen Sie auch, wie lange Sie konzentriert arbeiten können, und planen Sie Ihre Pausen bewusst von vornherein nach dem Spannungsbogen. 30 bis 45 Minuten sind meist eine geeignete Zeitspanne der Konzentration.

Was bringt es Ihnen, wenn Sie sich durch einen Prüfungsstoff quälen, doppelt oder dreifach soviel Zeit dafür brauchen und sich nicht konzentrieren können? Nichts als Frust und den gilt es gerade während der Prüfungsvorbereitung auf ein Minimum zu reduzieren.

Nutzen Sie Ihre „laschen" Phasen für andere Verpflichtungen oder Aktivitäten wie Einkaufen gehen, Spazierengehen, Aufräumen, usw.

Wenn Sie die obigen Punkte beherzigen, dann schaffen Sie sich einen optimalen Arbeitsplatz - eine wichtige und hilfreiche Voraussetzung für effektives Lernen. Nun wollen wir uns etwas näher mit dem eigentlichen Lernen und den Bedingungen beschäftigen, unter denen dies optimal möglich ist. Schauen wir uns zunächst allgemeine Strategien an, die Ihnen helfen, sich optimal vorzubereiten und die Stoffmenge besser zu bewältigen.

Allgemeine Strategien für die Vorbereitung

Eine optimale Prüfungsvorbereitung setzt zunächst einmal voraus, dass man weiß, welchen Umfang der Prüfungsstoff hat und welche Themen drankommen. Logisch, werden Sie denken.

Prüfen Sie doch einmal anhand der nachfolgenden Fragen, ob Sie tatsächlich mit den Prüfungsanforderungen vertraut sind:
• Haben Sie schon persönlich mit dem Prüfer oder Ausbilder darüber gesprochen, was genau in der Prüfung verlangt wird?
• Besteht die Möglichkeit, einer ähnlichen Prüfung bei demselben Prüfer oder einem anderen Prüfer beizuwohnen? Wenn ja, haben Sie dies bereits getan oder vor, noch zu tun?
• Haben Sie sich mit anderen unterhalten, die bereits die Prüfung abgelegt haben, und kennen deren Erfahrungen?
• Gibt es Fragen oder Themen, die anderen vor Ihnen in der Prüfung vorgelegt wurden? Wenn ja, haben Sie diese?
• Haben Sie sich darüber informiert, welche Fragen der Prüfer stellte, ob der Prüfer ein Lieblingsthema hat und ob er auf bestimmte Themen besonderen Wert legt?
• Haben Sie sich über die Prüfungsordnung und die Möglichkeit der Prüfungswiederholung informiert?

Sie haben diese Dinge alle abgecheckt? Sie meinen, wir können das Thema abhaken? Wunderbar. Lassen Sie uns dazu nur noch Folgendes sagen: Das persönliche Gespräch mit dem Prüfer kann

Ihnen darüber Aufschluss geben, worauf der Prüfer besonderen Wert legt. Legt er Wert auf genaue Definitionen, Zahlen und Namen oder legt er mehr Wert auf Zusammenhänge? Diese Informationen bekommen Sie auch, wenn Sie an Vorlesungen des Prüfers teilnehmen.

Verlassen Sie sich nicht darauf, was andere Ihnen über den Prüfer erzählen! Bilden Sie sich in einem persönlichen Gespräch ein eigenes Urteil. Wenn die Möglichkeit besteht, an ähnlichen Prüfungen als Zuschauer teilzunehmen, dann sollten Sie davon unbedingt Gebrauch machen. Die Prüfungssituation verliert dadurch etwas an Bedrohlichkeit. Wenn andere Ihnen erzählen, dass Ihr Prüfer ein scharfer Hund ist, dass er gar Fangfragen stellt oder dass die Prüfungsatmosphäre sehr „kalt" ist, dann denken Sie bitte daran, dass die Einschätzung einer Situation von Mensch zu Mensch verschieden sein kann. Wie man eine Situation erlebt, hängt von vielen individuellen Faktoren ab, wie etwa, wie ängstlich jemand im Allgemeinen ist, wie viel Selbstvertrauen er generell hat, für wie kompetent er sich hält, usw. Lassen Sie sich also nicht gleich ins Bockshorn jagen, wenn Sie Schauergeschichten zu hören bekommen. Fragen Sie mehrere Personen, die von diesem Prüfer geprüft wurden, und Sie werden merken, dass die Beurteilungen verschieden ausfallen.

Wenn Sie allerdings von mehreren das gleiche Urteil über einen Prüfer hören, dann sind zwei Dinge umso wichtiger:
1. dass Sie sich ganz intensiv mit den Kapiteln dieses Buches beschäftigen, in denen wir Ihnen zeigen, wie Sie Ihre Ängste vermindern können, und
2. dass Sie sich optimal auf die Prüfung vorbereiten - das bedeutet nicht nur, dass Sie möglichst viel des Stoffes beherrschen, sondern auch, dass Sie von möglichst vielen Arbeitstechniken dieses Buches Gebrauch machen.

Auch Prüfer haben Prüfungsangst!

Auch Prüfer - selbst wenn es alte Hasen sind - stehen unter einem gewissen Prüfungsdruck und haben Angst. Warum? Nun, wenn es sich beim Prüfer gleichzeitig auch um den Ausbildenden handelt, wie das etwa an der Universität der Fall ist, dann wirft eine schlechte Prüfung möglicherweise auch ein schlechtes Licht auf den

Prüfer bzw. den Ausbilder. Hat er in der Ausbildungs- und Lehrphase vielleicht versagt? Prüfer haben manchmal auch Angst, Fragen zu stellen, die der Prüfling nicht versteht. Sie haben Angst, die Stärken und Schwächen des Prüflings nicht zu erkennen oder von dem Beisitzer und anderen, der Prüfung beiwohnenden Personen, schlecht bewertet zu werden. Schließlich haben Prüfer Angst, am Tag der Prüfung zu verschlafen, nicht rechtzeitig zur Prüfung zu kommen, usw.

Schauen wir uns nun an, welche Möglichkeiten Sie haben, den Prüfungsstoff so aufzubereiten, dass Sie sich an ihm nicht verschlucken.

Langfristige Planung und Einteilung des Lernstoffes

Ordnung ist das halbe Leben, sagen die einen, während sich andere in einer Art Chaos am wohlsten fühlen. Jeder Standpunkt hat etwas für sich, und deshalb wollen wir Sie auch nicht zu einem Ordnungsfanatiker machen, wenn Sie ein Anhänger des Chaos sind. Aber ein wenig Ordnung - besser gesagt Planung - kann in der Tat sehr nützlich sein.

Sie kennen die Menge des Prüfungsstoffes, haben also einen genauen Überblick - sprich, wie viele Bücher und Seiten - darüber, wie schweißtreibend das Ganze wird, und Sie kennen den Prüfungstermin. Was machen wir nun mit diesen Bergen bedruckten Papiers und diesem apokalyptischen Datum? Die längste Reise beginnt mit dem ersten Schritt und eine gute Prüfungsvorbereitung beginnt mit der Einteilung des Stoffes in kleine handliche Portionen. Schauen wir uns an, wie das geht.

1. Teilen Sie den Stoff in kleine Portionen auf und verteilen Sie diese auf die Ihnen zur Verfügung stehenden Wochen bis zur Prüfung. Lassen Sie am Ende jedoch mindestens 2 Wochen Spielraum. Diese 2 Wochen sollen der Wiederholung des gesamten Stoffes dienen bzw. ein Puffer sein, wenn Sie sich aufgrund unerwarteter Ereignisse - Grippe, Bibliothek brennt ab, usw. - nicht an Ihren Plan halten können. Auch brauchen Sie diesen zeitlichen Spielraum vielleicht, wenn Sie für ein bestimmtes Thema mehr Zeit brauchen, als von Ihnen veranschlagt ist. Es könnte ja sein, dass Sie sich bestimmte Wissensgebiete schlechter merken können und

deshalb mehr Zeit dafür brauchen als gedacht. Dieses Aufteilen hat eine enorme psychologische Wirkung. Man hat das Gefühl, die Sache unter Kontrolle zu haben -, und das beruhigt ungemein.

2. Erstellen Sie sich einen genauen Zeitplan, welche Stoffmenge Sie in welcher Woche drannehmen möchten - eine Art Stoff-Fahrplan. Sie meinen, so einen Fahrplan bräuchten Sie nicht? Dann sind Sie auf dem Holzweg. Natürlich ist ein solcher Fahrplan kein „muss" im Sinne von „ohne geht es nicht". Sie können sich jedoch sehr viel Zeit und nervöse Magenbeschwerden ersparen, wenn Sie sich die Zeit nehmen, einen solchen Fahrplan zu erstellen. Außerdem gibt Ihnen der erstellte Fahrplan ein sehr gutes Gefühl. Ein so richtig aufgeteilter Stoff ist bei weitem nicht so bedrohlich, da er überschaubar ist. Noch wirkungsvoller ist es, wenn Sie sich einen großen Terminplaner in einem Bürofachgeschäft kaufen, den Sie an die Wand hängen und auf dem Sie deutlich sichtbar sehen, was Sache ist. Und wenn Sie nun noch jedes Häppchen nach dem Durcharbeiten durchstreichen, dann gibt Ihnen das ein sehr beruhigendes Gefühl. Tragen Sie in Ihren langfristigen Plan auch die Termine ein, die eine Voraussetzung für die Prüfung darstellen wie z.B. die Prüfungsanmeldung oder die Vorbesprechung mit dem Prüfer.

4. Wenn Sie die Möglichkeit haben, sich in einer Gruppe von „Leidensgenossen" vorzubereiten, dann tun Sie das. Das Lernen in einer Gruppe hat mehrere Vorteile. Sie sehen, dass die anderen ähnliche Probleme haben wie Sie. Sie bekommen eine Rückmeldung über Ihren Wissensstand und haben so die Möglichkeit, sich objektiver einzuschätzen. Kümmern Sie sich also so früh wie möglich darum, dass Sie Anschluss an eine solche Gruppe finden oder selbst eine gründen. Kleine Lerngruppen von maximal drei Personen sind besser als größere Gruppen. Auch sollten sich die Teilnehmer der Gruppe auf dieselben Themen vorbereiten. Es hat sich nämlich gezeigt, dass Gruppen mit sehr unterschiedlichen Prüfungsthemen nicht effektiv sind.

Kurzfristige Planung und Einteilung des Lernstoffes

Sie haben sich den Stoff in handliche Portionen aufgeteilt und ihn auf die zur Verfügung stehende Vorbereitungszeit aufgeteilt. Sie wissen nun, wie viele Seiten, Kapitel oder Themen Sie pro Woche in Angriff nehmen werden. Dies ist der erste Streich. Der zweite

Streich besteht darin, dass Sie sich einen Tagesplan aufstellen. Keine Sorge. Sie sollen die Ihnen für die Vorbereitung der Prüfung zur Verfügung stehende Zeit nicht nur mit Planen verbringen. Sie kommen schon noch zum Lernen. Diese kleine Mühe mit der Planung wird sich auszahlen - garantiert. Die kurzfristige Planung dient dazu, Arbeit und Erholung für jeden Tag festzulegen. Jawohl, auch Erholung. Die ist nämlich viel wichtiger, als Sie vielleicht glauben. Wie wir Ihnen im Absatz über die Steigerung Ihrer Konzentration und die Verbesserung der Merkfähigkeit noch zeigen werden, bringt es Ihnen überhaupt nichts, 8 Stunden am Stück zu lernen. Durch solch eine Rosskur lernen Sie nicht nur langsamer, Sie merken sich das Gelernte auch viel schlechter.

1. Beim Tagesplan geht es darum, dass Sie sich jeden Tag genau aufschreiben, was Sie am nächsten Tag durchnehmen möchten. D.h. Sie sollen jeden Tag für den nächsten Tag schwarz auf weiß festhalten, welches Kapitel, welches Thema oder welche Seiten Sie durchgehen wollen. Das ist eine Angelegenheit von einer Minute. Kaufen Sie sich einen Terminkalender, in den Sie diese Eintragungen machen, und streichen Sie jeden Tag den Stoff durch, den Sie durchgenommen haben. Sie haben ein dickes Lob verdient, die Tagesration erfüllt zu haben.

2. Planen Sie sich zwischen den einzelnen Lernabschnitten am Tag bewusst kleine Pausen ein. Verlassen Sie während dieser Arbeitspausen Ihr Arbeitszimmer. Setzen Sie sich bewusst anderen Reizen aus. Achten Sie jedoch darauf, keine Aktivitäten zu beginnen, die länger als Ihre Pause dauern könnten, und von denen Sie sich nur schwer wieder losreißen können (z.b. eine CD hören, Sudoku machen, Krimi lesen).

3. Halten Sie sich in Ihrem Tagesplan auch etwas Zeit frei, in der Sie dem Vergnügen nachgehen. Jawohl, Vergnügen in Form von Entspannung und Beschäftigung mit schönen Dingen ist wichtig - genauso wichtig wie Lernen. Aus unserer Praxis kennen wir Menschen, die über Wochen und gar Monate hinweg ihren Kopf nur in ihre Bücher stecken und für nichts anderes mehr Augen und Ohren haben. Je nach zur Verfügung stehender Vorbereitungszeit und je nach Umfang des Stoffes mag es zeitweise notwendig sein, Hobbys, sportliche Aktivitäten und andere Zeitvertreibe einzuschränken. Sie sollten jedoch nie ganz darauf verzichten. Gerade in einer Zeit, in

der Sie unter erhöhtem psychischem Stress stehen, ist ein Ausgleich umso wichtiger. Wenn es Ihnen gelingt, Ihren Kopf durch andere Dinge freizubekommen, dann können Sie sich sehr viel besser konzentrieren und haben ein besseres Auffassungsvermögen. Sie lernen sehr viel effektiver, wenn Sie für einen Ausgleich sorgen. Wenn Sie unseren Vorschlag, lang- und kurzfristig zu planen, aufgegriffen haben, dann werden Sie durch diese Planung höchstwahrscheinlich genügend Zeit für Vergnügungen haben.

So, nun aber ist es genug des Planens und Vorbereitens. Lassen Sie uns nur noch sagen, dass das Planen einen weiteren sehr großen Vorteil hat. Wenn Sie das von Ihnen festgelegte Pensum an dem Tag erledigt haben, an dem Sie es sich vorgenommen haben, können und sollten Sie guten Gewissens etwas für Ihr Vergnügen tun. Menschen, die nicht planen, haben oft dann ein schlechtes Gewissen, wenn sie nicht arbeiten. Sie denken sich dann meist, sie sollten noch lernen, weil sie keinen Überblick darüber haben, was sie noch zu lernen haben, und ob ihnen die Zeit hierfür reicht. Eine Einteilung des Lernstoffes ist also ein ruhiges Ruhekissen.

Vielleicht denken Sie nun: *Pläne helfen nichts. Ich erfülle sie nie und habe dann nur ein schlechtes Gewissen.*

Mit diesem Einwand reagieren viele unserer Klienten auf den Vorschlag, einen Plan zu erstellen. Richtig ist, dass Pläne nicht beim Arbeiten helfen, wenn man sie nicht einhält. Ein Grund für die Nichteinhaltung könnte sein, dass Sie sich zu viel vorgenommen und überhaupt keine Entspannungszeiten eingebaut haben. Mit diesen Plänen ist es ähnlich wie mit Diäten. Verbietet man sich alles Essbare, was man gern hat, verspürt man leicht Widerstand gegen den Diätplan (Warum soll ich mir nicht auch mal etwas Gutes gönnen?) und isst dann anfallartig maßlos darauf los. Diäten, die beinhalten, was man gerne isst, und nicht zu radikal sind, haben an meisten Aussicht auf Erfolg. Hilfreich ist auch die Vergegenwärtigung eines Bildes, wie schlank man sein möchte. Überprüfen Sie deshalb, ob Sie sich auch Zeiten des Vergnügens eingebaut haben, und ob Sie sich Ihr Ziel, was Sie durch die Prüfung erreichen, auch oft genug vor Augen halten (s. hierzu Kapitel 11).

Verurteilen Sie sich nicht, wenn Sie einen Tag geschludert haben oder dem Plan hinterherhinken. Die Verurteilung ist einer der mächtigsten Motivationskiller. Nehmen Sie die Verzögerung zur Kenntnis und teilen Sie den Plan neu ein. Loben Sie sich für die Dinge, die bisher geklappt haben. Halten Sie sich Ihr langfristiges Ziel vor Augen und beginnen Sie zu arbeiten.

Im Folgenden möchten wir Sie nun mit wichtigen psychologischen Erkenntnissen vertraut machen, die Ihnen helfen werden, rationeller zu lernen und sich den Lernstoff besser einzuprägen.

Optimale Arbeitstechniken

Nirgendwo, weder in der Schule noch auf der Universität wird uns beigebracht, wie man effektiv lernen kann, und welches sinnvolle Arbeitstechniken sind. Irgendwie scheinen die Verantwortlichen zu glauben, jeder habe das im Blut. Doch leider ist dem nicht so, und so muss jeder durch Versuch und Irrtum selbst herausfinden, wie er optimal arbeiten kann. Dabei werden immer wieder viele Fehler gemacht, die der Betreffende jedoch selbst nicht erkennt. Er wundert sich dann höchstens über schlechte Ergebnisse, wo er doch nicht dümmer ist als sein Nachbar oder sogar mehr Zeit mit Lernen verbracht hat als dieser.

Eine richtige Arbeitstechnik hilft Zeit sparen und schont die Nerven. Kennt man die Prinzipien der Lernpsychologie - auf die wir noch zu sprechen kommen - und wendet sie richtig an, dann fällt einem das Aufnehmen und Behalten von Texten leichter. Da es den Rahmen dieses Buches sprengen würde, wenn wir auf alle hilfreichen und wichtigen Fragen zu diesem Thema eingehen würden, möchten wir Ihnen vorschlagen, sich im Buchhandel nach Büchern umzusehen, die rationelle Lernstrategien vorstellen.

Psychologische Erkenntnisse über die Verbesserung der Merkfähigkeit

Psychologen haben eine Reihe von Bedingungen entdeckt, unter denen es leichter ist, sich etwas zu merken.

1. Sie erinnern besser, was Sie verstehen. Lernstoff, den Sie nicht verstehen, den Sie stur, ohne ihn zu begreifen, auswendig lernen, lernen Sie nicht nur schlechter, Sie behalten ihn auch schlechter als Lernstoff, dessen Inhalt Sie verstanden haben. Lernen Sie also nie

etwas mechanisch auswendig. Versuchen Sie, das Gelernte zu verstehen und in eigene Formulierungen zu kleiden und zusammenzufassen.

2. Sie erinnern besser, wenn Sie öfter und dafür weniger lernen. Ist es besser, jeden Tag 30 Minuten zu lernen, als an einem Tag 8 Stunden? Ja! Es ist besser, den Stoff so über einen verfügbaren Zeitraum zu verteilen, dass Sie jeden Tag möglichst kurze Zeit lernen müssen, als zu versuchen, sich in kurzer Zeit den ganzen Stoff reinzupauken. Untersuchungen zeigen, dass man sich dadurch das Gelernte nicht nur schneller merken kann, sondern auch länger behält. Sie lernen besser, wenn Sie den Stoff frühestens nach einem Tag wiederholen und dann mit jeweils sich verdoppelnden Intervallen, so lange, bis er hinreichend sicher reproduziert werden kann. Die Technik, den Stoff, den Sie gerade gelernt haben, unmittelbar anschließend noch einmal zu wiederholen, um ihn besser zu behalten, ist unökonomisch und verbessert die Gedächtnisleistung nur unwesentlich. Lernen Sie stattdessen den Stoff nur so weit, bis Sie ihn gerade beherrschen, dann legen Sie ihn beiseite und wiederholen ihn am nächsten Tag.

3. Sie lernen schneller, wenn Sie sich das Gelernte regelmäßig laut vorsagen. Anstatt etwas immer wieder zu überlesen, ist es besser, das Gelesene laut zu wiederholen, ehe Sie eine Pause machen oder mit dem Lernen aufhören. Dadurch beziehen Sie mehr Sinne in den Lernprozess ein und das erleichtert die Reproduzierbarkeit.

4. Sie erinnern sich an etwas besser, wenn Sie es als Ganzes immer wieder wiederholen, als wenn Sie es in Teile zerlegen und jeden Teil einzeln lernen. Einen Absatz lernen Sie am besten, indem Sie ihn als Ganzes, anstatt Zeile für Zeile wiederholen.

5. Eine positive Einstellung fördert die Merkfähigkeit. Sie können Ihr Vertrauen in Ihre Merkfähigkeit dadurch steigern, dass Sie sich immer wieder sagen: „Von Tag zu Tag erinnere ich mich besser und besser." Wenn Sie sich einreden, dass Sie ein schlechtes Gedächtnis haben, dass Sie sich nie etwas merken können, dass Sie alles sehr schnell wieder vergessen, usw., dann nimmt Sie Ihr Gedächtnis beim Wort und merkt sich tatsächlich schlecht, was Sie sich einprägen möchten.

6. Eine hohe Lernmotivation hat einen großen Einfluss auf die Merkfähigkeit. Wenn Sie sich für das, was Sie lernen, interessieren, dann erinnern Sie sich besser. Lernstoff, der Sie langweilt oder der Ihnen gar verhasst ist, lernen Sie nicht nur schlechter, Sie erinnern sich an ihn auch nur schwer.

7. Sie lernen schneller und behalten länger, wenn Sie regelmäßig kleine Pausen einlegen. Es gibt Studenten, die lernen 5 und mehr Stunden am Stück. Das ist sehr unproduktiv, da die geistige Ermüdung mit zunehmender Lerndauer sehr stark zunimmt und die Konzentration stark abfällt - auch wenn man selbst das Gefühl hat, noch gut lernen zu können. Der subjektive Eindruck trügt! Aus psychologischen Untersuchungen weiß man, dass es sehr günstig ist, alle 30 Minuten eine kurze Pause von 2 bis 3 Minuten einzulegen, in der man sich streckt, das Fenster öffnet oder einen Blick - aber auch wirklich nur einen Blick - in eine Illustrierte wirft. Nach ca. einer Stunde sollte man eine etwas längere Pause von ca. 5 Minuten machen, in der man etwas trinken oder essen kann. Arbeitet man über mehrere Stunden hinweg, so ist auch bei Einhaltung der beschriebenen kurzen Pausen nach zwei Stunden eine Pause von 20 bis 30 Minuten einzulegen, in der bereits etwas umfangreichere Aktivitäten wie z.B. ein Spaziergang ausgeführt werden können. Nach einer Arbeitsphase von 4 Stunden ist - auch wenn die bisher beschriebene Pausenregelung eingehalten wurde - eine längerfristige Unterbrechung notwendig. Bei der Tagesplanung ist darauf zu achten, dass diese ausgedehnte Pause mit einer der Hauptmahlzeiten zusammenfällt; dies insbesondere auch, weil der Tiefpunkt der individuellen Leistungsfähigkeit unmittelbar nach dem Mittagessen liegt.

Hilfe, ich kann mir nichts mehr merken

In der Vorbereitungszeit kommt man an einen Punkt, an dem man enorme Schwierigkeiten hat, sich weiteren Stoff zu merken. Ja, es kann sogar passieren, dass man den Eindruck hat, bereits beherrschten Stoff wieder vergessen zu haben. Dieser Stillstand ist ganz normal. Kein Grund zur Panik. Gönnen Sie sich eine Verschnaufpause beim Lernen. Widmen Sie sich für ein oder zwei Tage etwas ganz anderem. Überprüfen Sie Ihre Motivation! Ist sie auf dem Nullpunkt? Ein solcher Stillstand kann auch ein Anzeichen dafür sein, dass Ihre Motivation abgenommen hat.

Psychologische Erkenntnisse
über die Verbesserung der Konzentration

1. Wenn Sie einen bestimmten Tisch und einen bestimmten Stuhl immer nur zum Arbeiten benutzen, dann wird es Ihnen mit der Zeit leichter fallen, sich zu konzentrieren. Lernen Sie also immer am gleichen Platz und wechseln Sie diesen nicht.

2. Eine häufige Ursache schlechter Konzentration ist eine mangelnde oder gar fehlende Motivation. Überprüfen Sie Ihre Motivation, wenn Sie sich nicht konzentrieren können. Warum lernen Sie? Sehen Sie einen Sinn im Lernen bzw. in Ihrer Ausbildung? Eine Möglichkeit, sich zu motivieren, besteht darin, sich die Vorteile vor Augen zu halten, die das Bestehen der Prüfung mit sich bringt. Malen Sie sich ganz genau aus, was es Ihnen bringt und was sich positiv verändern wird, wenn Sie die Prüfung bestehen. Das kann Sie motivieren, zu lernen. Wenn Sie die Führerscheinprüfung machen wollen, könnten Sie sich ausmalen, wie beweglich Sie mit dem Auto sind, wohin Sie fahren könnten, dass Sie nicht mehr auf den Fahrplan von Bahnen und Bussen angewiesen sind, usw. (s. Kapitel 11)

3. Treten während des Arbeitens immer wieder störende Gedanken auf, sollten Sie die Methode des Gedankenstopps einsetzen (s. Kapitel 7) oder sich diese Störgedanken notieren. Zu einer bestimmten, zeitlich begrenzten Zeit pro Tag nehmen Sie sich dann die Störgedanken vor und denken intensiv über sie nach. Durch diese Strategie erreichen Sie die Kontrolle über Ihre Gedanken. Häufig sind die Gedanken schon nach relativ kurzer Zeit zu Ende gedacht, weil Ihnen hierzu nichts Neues mehr einfällt oder Sie eine Lösung finden.

4. Eine Woche vor der Prüfung sollten Sie nichts Neues mehr lernen. Die letzte Woche sollten Sie einzig und allein für die Wiederholung nutzen. Warum? Weil so kurz vor einer Prüfung die Gefahr besteht, dass Sie Wissenslücken feststellen, in Panik geraten und dann das bereits Gelernte gefährden. Auch ist eine Woche vor der Prüfung Ihr Aufnahme- und Konzentrationsvermögen für neuen Stoff nicht mehr so gut.

13
Souveränes Verhalten
in der Prüfung

Der Tag X, der Tag der Prüfung, naht unerbittlich und nun ist es für Sie so weit. Wird all Ihre Schufterei einen krönenden Abschluss finden oder werden Sie einen Flop landen? Werden Sie genügend und genau das Richtige gelernt haben, um die Prüfung zu bestehen? Wird Sie der Blackout eiskalt erwischen?

Keiner von uns ist automatisch davor geschützt, in der Prüfung nicht das abrufen zu können, was er sich so mühsam angeeignet hat. Der Blackout kann sowohl die perfekt Vorbereiteten als auch die weniger Engagierten treffen. Wenn wir den Lernstoff gut verinnerlicht haben, kann dies zwar eine gute Vorsorgemaßnahme sein, sie ist jedoch nicht ausreichend. Unsere körperliche und seelische Verfassung haben einen großen Einfluss auf das Funktionieren unserer Gedächtnisspeicher.

Unser Gehirn kann am besten arbeiten, wenn wir weder mit einer Wurstigkeits-Einstellung, noch zu angespannt in eine Prüfung gehen. Bei großer Anspannung funktioniert plötzlich die Informationsübertragung nicht mehr zwischen den einzelnen Nervenzellen und dann kommt der besagte große Block. Ein mittlerer Anspannungspegel ist optimal.

Was können Sie tun, um Ihr Bestes aus sich hervorzulocken und die Prüfung souverän zu meistern?

Wir haben uns bereits mit vielen unterschiedlichen Strategien auf der mentalen und körperlichen Ebene beschäftigt, die Ihnen dabei helfen, sich in den Zustand für Höchstleistungen zu versetzen. Im Folgenden haben wir diese für den Tag X nochmals für Sie aufgelistet, unabhängig davon, ob Sie vor einer mündlichen oder schriftlichen Prüfung stehen.

Körperliche Strategien

• Beginnen Sie den Tag mit einer Entspannungs- oder Atemübung im Bett.

• Kleiden Sie sich so, dass Sie sich darin wohlfühlen und gut atmen können, aber auch so, dass Sie dem Prüfer nicht gleich unangenehm auffallen. Ihr Äußeres prägt den ersten Eindruck des Prüfers und hat zumindest bei der mündlichen Prüfung einen Einfluss darauf, ob Sie dem Prüfer sympathisch sind und welche Fragen er formuliert.

• Nehmen Sie ein leichtes nahrhaftes Frühstück zu sich.

• Vermeiden sie den übermäßigen Genuss von Alkohol, Kaffee, Nikotin und Cola, da diese Sie nur noch mehr aufputschen.

• Sorgen Sie dafür, dass Sie am Tag der Prüfung rechtzeitig aus dem Haus gehen. Wenn Sie abgehetzt auf den letzten Drücker ankommen, weil Sie im Stau standen, keinen Parkplatz bekamen oder das Prüfungszimmer nicht gefunden haben, ist Ihr Körper bereits in Alarmstimmung, angespannt und nicht besonders leistungsfähig.

• Machen Sie vor dem Prüfungszimmer, wenn möglich, nochmals die Atemübung. Reden Sie sich selbst gut zu: „Ich habe mich gut vorbereitet. Ich werde es schaffen."

• Vermeiden Sie es, vor der Prüfungstür mit anderen Prüflingen allzu lange warten zu müssen, denn die Unruhe der anderen wirkt meist ansteckend. Es nützt Ihnen nichts mehr, jetzt zu erfahren, worauf Sie sich möglicherweise nicht oder ungenügend vorbereitet haben. Das macht Sie nur nervös. Ziehen Sie sich lieber zurück und machen Sie eine kurze Atemübung.

• Nehmen Sie in der Prüfung eine aufrechte, selbstbewusste Körperhaltung ein - so als ob Sie absolut überzeugt davon wären, dass die Prüfung für Sie kein Problem ist. Hochgezogene Schultern und ein eingezogener Kopf vermitteln den Eindruck, als ob Sie sich verstecken wollten. Eine unsichere Körperhaltung wirkt sich auch auf Ihr Befinden aus. Sie fühlen sich klein und hilflos. Es gibt sogar Hinweise darauf, dass Sie in einer unsicheren Körperhaltung ganz bestimmtes Wissen nicht abrufen können.

• Nehmen Sie bei einer mündlichen Prüfung Blickkontakt zum Prüfer auf.

• Sorgen Sie für einen entspannten Zustand. Bei Angst spannen Sie sich automatisch an, die Atmung geht schneller. Mit einer gezielten Atemtechnik können Sie Ihren Körper wieder in eine

ruhige Ausgangslage bringen, die Ihnen den Zugriff auf Ihr Wissen erleichtert. Nutzen Sie z.B. die Ampelübung aus Kapitel 10.
• Sorgen Sie auch während der Prüfung - falls erlaubt - für ausreichende Flüssigkeitszufuhr - am besten Mineralwasser oder Fruchtsaft.

Mentale Strategien

• Erinnern Sie sich an eine Situation in Ihrer Vergangenheit, die Sie absolut erfolgreich bewältigt haben. Rufen Sie sich diese möglichst lebendig in Erinnerung, um im Körper das Selbstvertrauen zu spüren, das Sie damals verspürt haben.
• Gehen Sie Ihren schriftlichen Aufgabenkatalog mit der Fragestellung durch: Was kann ich problemlos beantworten? Beginnen Sie mit der Beantwortung der Fragen, bei denen Sie sich sicher fühlen.
• Unterbrechen Sie Panikgedanken: „O Gott, wenn ich durchfalle, ... Das schaffe ich nicht" u.a. mit einem energischen innerlichen Stopp-Rufen und ersetzen Sie die Panikgedanken durch Sätze wie: „Was auch immer auf mich zukommt, ich kann damit umgehen."
• Wenn Sie nicht weiter wissen oder den Faden verlieren, dann beruhigen Sie sich während einer schriftlichen Prüfung innerlich: „Ich atme tief durch, dann werden meine Konzentration zurückkommen und mein Wissen wieder greifbar sein." Oder „Bleib ruhig und atme tief durch. Das ist kein Grund zur Panik. Du musst nicht alles wissen. Dir kann nichts passieren. Du bist nicht in Lebensgefahr." Sie machen es nur noch schlimmer, wenn Sie sich beschimpfen, weil Ihr „dämliches Gehirn" nicht funktioniert.
• Nehmen Sie sich - sofern erlaubt - etwas mit in die Prüfung, was Ihnen ein gutes Gefühl vermittelt. Dies kann Ihr Lieblingskugelschreiber sein oder auch ein Talisman.
• Geben Sie dem Prüfer nicht zu viel Macht. Er hat zwar die Macht, Sie durchfallen zu lassen, aber nicht über Ihr Leben. Für manche Menschen ist es hilfreich, sich den Prüfer nackt vorzustellen, um ihn vom Podest herunterzuholen, auf das sie ihn innerlich gestellt haben.
• Bleiben Sie ruhig, wenn Sie eine Frage nicht beantworten können. Sie müssen nicht alles wissen. Der Prüfer wird weitere Fragen stellen.
• Lassen Sie sich Zeit zum Nachdenken.
• Erinnern Sie sich: Sie sind in Ordnung, gleichgültig wie die Prüfung ausgeht. Die Prüfung bestimmt nicht über Leben und Tod

von Ihnen. Sie zerstört nicht all Ihre Erfolge, die Sie bisher hatten, und alle Fähigkeiten, die Sie ansonsten besitzen.

Rhetorik

• Trainieren Sie sich vor einer mündlichen Prüfung darin, Prüfungsfragen laut zu beantworten. Dabei sollten Sie nicht nur auf den Inhalt, sondern auch auf Klang, Rhythmus, Tempo und Aussprache achten.

• Grüßen Sie die Prüfer, wenn Sie das Zimmer betreten.

• Wenn Sie sich die Abfolge der Themen bei Ihrer mündlichen Prüfung aussuchen dürfen, beginnen Sie mit dem Thema, das Ihnen am meisten liegt. Der erste Eindruck ist prägend.

• Bitten Sie um die Wiederholung der Frage, wenn Sie diese nicht verstanden haben. Es ist menschlich, eine Frage nicht zu verstehen.

• Auf eine Frage, auf die Ihnen zunächst keine Antwort einfällt, können Sie mit einer Rückfrage reagieren: „Ich bin mir nicht ganz sicher, in welche Richtung die Frage zielt."

• Sollten Sie sich mit einem Thema ganz und gar nicht befasst haben, sollten Sie eine klare Aussage machen: „Mit diesem Problem habe ich mich bei meiner Vorbereitung nicht befasst, weil mich die Aspekte .... beschäftigt haben." Es hat keinen Sinn, den Anschein erwecken zu wollen, als wüssten Sie auch in diesem Gebiet viel, auf das Sie sich nicht vorbereitet haben.

⸱ Trotz aller Anstrengung kann es Ihnen passieren, dass Sie mal für einen Augenblick ein Brett vor dem Kopf habem. Sagen Sie dem Prüfer: „Ich habe im Augenblick den Faden verloren. Bitte wiederholen sie die Frage nochmals."

Wenn Sie diese Strategien in der Prüfung einsetzen und sich gut vorbereitet haben, dann benötigen Sie nur noch ein Quäntchen Glück, um ein gutes Prüfungsergebnis zu erzielen.

Zu guter Letzt noch ein gut gemeinter Rat

Nun, liebe Leserin, lieber Leser, haben Sie das Handwerkszeug, um Ihre nächste Prüfung gelassener angehen zu können. Wir möchten jedoch nicht versäumen, Sie abschließend noch einmal daran zu erinnern, dass nur Übung den Meister macht.

Die Strategien in diesem Buch werden Ihnen nur dann etwas nützen, wenn Sie diese trainieren. Aus unserer langjährigen Erfahrung mit Tausenden von Klienten wissen wir, dass sich alteingefahrene Denk- und Handlungsgewohnheiten - und Prüfungsangst ist eine Gewohnheit - nur durch ein entsprechendes Training verändern lassen.

Es gibt leider keinen leichten Weg zum Erfolg. Glauben Sie uns: wenn es ihn gäbe, würden wir keine Sekunde zögern, Ihnen diesen zu verraten. Wir wünschen Ihnen ein gutes Gelingen für Ihre nächste Prüfung.

Dr. Doris Wolf & Dr. Rolf Merkle

14
Checkliste für Prüfungen

Die Zeit vor der Prüfung

• Informieren Sie sich über die Prüfungsordnung, die Prüfer, den Prüfungsablauf und die Themen der Prüfung.

• Erstellen Sie einen langfristigen Plan sowie Tagespläne. Vergessen Sie nicht, sich Pausen und auch Zeit für Vergnügungen einzutragen.

• Kümmern Sie sich rechtzeitig um Arbeitsmaterialien, vergangene Prüfungsaufgaben, notwendige Literatur und Prüfungsunterlagen.

• Richten Sie sich Ihren Arbeitsplatz so her, dass Sie möglichst wenig Ablenkung haben.

• Beginnen Sie mit motivierenden Vorstellungsübungen: Was wird sich nach der Prüfung positiv in Ihrem Leben verändern? (Kapitel 8, 11)

• Loben Sie sich für jeden kleinen Lernschritt, den Sie gemäß Ihres Planes verwirklicht haben.

• Arbeiten Sie an der Überwindung Angst auslösender Gedanken.

• Legen Sie beim Arbeiten kleine Pausen zur Entspannung ein.

• Erlernen Sie ein Entspannungsverfahren wie die Progressive Muskelentspannung nach Jacobson (Kapitel 10).

• Machen Sie vor dem Einschlafen eine Entspannungsübung.

Am Tag vor der Prüfung

• Verbringen Sie diesen Tag nicht mit Lernen, sondern mit etwas Entspannendem.

- Legen Sie sich zurecht, was Sie für die Prüfung anziehen möchten, und was Sie in die Prüfung mitnehmen wollen.

- Stellen Sie den Wecker, so dass Sie am Morgen genügend Zeit haben, sich in aller Ruhe fertigzumachen.

- Stellen Sie sich nochmals vor, wie Sie am nächsten Morgen ruhig in die Prüfung gehen und, falls Angst auftaucht, wie Sie sie erfolgreich lindern.

Der Tag der Prüfung

- Beginnen Sie den Tag mit einer Entspannungs- oder Atemübung im Bett.

- Nehmen Sie ein leichtes und nahrhaftes Frühstück zu sich.

- Vermeiden Sie den übermäßigen Genuss von Alkohol, Kaffee, Nikotin und Cola und anderen coffeinhaltigen Getränken, da diese Sie noch mehr aufputschen. Trinken Sie stattdessen Mineralwasser, Früchtetee oder Fruchtsäfte.

- Machen Sie sich rechtzeitig auf den Weg zur Prüfung.

- Machen Sie die Atemübung vor dem Prüfungszimmer. Reden Sie sich selbst gut zu: „Ich habe mich gut vorbereitet. Ich werde es schaffen."

- Meiden Sie den Kontakt zu anderen Prüflingen, die nichts anderes im Sinn haben, als Katastrophen an die Wand zu malen oder schlechte Meldungen zu verbreiten.

In der Prüfung

- Nehmen Sie eine aufrechte und selbstbewusste Körperhaltung ein.

- Sagen Sie sich bei einem Hänger: „Es ist in Ordnung. Ich darf eine Frage nicht beantworten können."

- Fragen Sie, wenn möglich, nach, wenn Sie eine Frage nicht verstehen. Reden Sie sich selbst gut zu und beruhigen Sie sich selbst, indem Sie sich sagen: „Ich habe im Augenblick einen Block. Darauf bin ich gut vorbereitet. Er wird vorübergehen, wenn ich mich entspanne. Ich atme tief durch, so wie ich es gelernt habe."

• Wenn Sie sich in einer schriftlichen Prüfung befinden, verschaffen Sie sich zunächst einen Überblick über die Aufgaben. Verschaffen Sie sich ein Erfolgserlebnis, indem Sie mit den Aufgaben beginnen, die Ihnen am leichtesten fallen. Dann erst machen Sie sich an die Aufgaben, für die Sie spontan keine Lösung haben.

Weiterführende Informationen im Internet

Es gibt eine ganz Reihe hilfreicher Informationen im Internet, die Sie sich zunutze machen können. Hier ein kleiner Auszug.

www.psychic.de
Informationen und Forum zu Angst und Panik. Hier können Sie sich mit anderen austauschen und Rat einholen.

www.expertenrat.info
Kostenlose psychologische Videoberatung bei Angstproblemen.

www.palverlag.de
Psychologische Hilfestellungen zu persönlichen Problemen und Krisen, Psychotests, Ratgeber, Lebensweisheiten u.v.m.

www.psychotipps.com
Selbsthilfe Strategien für die Bewältigung seelischer Probleme

www.partnerschaft-beziehung.de
Die Seite zum Thema Partnerschaft, Beziehungsprobleme und Liebe.

www.lebenshilfe-abc.de
Lebenshilfe Nachschlagewerk - Lebenshilfe Themen werden erklärt; viele weiterführende und hilfreiche Selbsthilfe Informationen

www.palverlag.de/Beratung-Psychologie.html
Deutschlandweite Liste von Psychotherapeuten

Weiterführende Literatur

Doris Wolf + Rolf Merkle
Tiefenentspannung nach Jacobson
CD zum Erlernen der Progressiven Muskelentspannung
PAL Verlag Mannheim

Regula Schräder-Naef
Rationeller Lernen lernen
Beltz Verlag

Rolf Merkle
So gewinnen Sie mehr Selbstvertrauen
Ratgeber zum Aufbau eines positiven Selbstwertgefühls
Auflage über 170.000 Exemplare
PAL Verlag Mannheim

Doris Wolf
Ängste verstehen und überwinden
Ratgeber bei Angst- und Panikstörungen
Auflage über 190.000 Exemplare
PAL Verlag Mannheim

Doris Wolf & Rolf Merkle
Gefühle verstehen, Probleme bewältigen
Auflage über 200.000 Exemplare
Einer der meistgekauften Selbsthilfe Ratgeber
PAL Verlag Mannheim